TERRITÓRIOS
do
LETRAMENTO

Conselho Acadêmico
Ataliba Teixeira de Castilho
Carlos Eduardo Lins da Silva
Carlos Fico
Jaime Cordeiro
José Luiz Fiorin
Tania Regina de Luca

Proibida a reprodução total ou parcial em qualquer mídia
sem a autorização escrita da editora.
Os infratores estão sujeitos às penas da lei.

A Editora não é responsável pelo conteúdo deste livro.
O Organizador e os Autores conhecem os fatos narrados, pelos quais são responsáveis,
assim como se responsabilizam pelos juízos emitidos.

Consulte nosso catálogo completo e últimos lançamentos em www.editoracontexto.com.br.

GUILHERME BRAMBILA

(Org.)

TERRITÓRIOS *do* LETRAMENTO

Copyright © 2024 do Organizador

Todos os direitos desta edição reservados à
Editora Contexto (Editora Pinsky Ltda.)

Diagramação
Gustavo S. Vilas Boas

Preparação de textos
Lilian Aquino

Revisão
Daniela Marini Iwamoto

Dados Internacionais de Catalogação na Publicação (CIP)

Territórios do letramento / organizado por
Guilherme Brambila. – São Paulo : Contexto, 2024.
128 p. : il.

Bibliografia
ISBN 978-65-5541-478-3

1. Linguística 2. Letramento I. Brambila, Guilherme

24-3248   CDD 410

Angélica Ilacqua – Bibliotecária – CRB-8/7057

Índice para catálogo sistemático:
1. Linguística

2024

Editora Contexto
Diretor editorial: *Jaime Pinsky*

Rua Dr. José Elias, 520 – Alto da Lapa
05083-030 – São Paulo – SP
PABX: (11) 3832 5838
contato@editoracontexto.com.br
www.editoracontexto.com.br

Sumário

APRESENTAÇÃO 7

TEXTO, SENTIDO E LETRAMENTO 13
Guilherme Brambila

    O texto nas práticas de letramento 14

    Letramento e LT: o que (ainda) aprendemos com Marcuschi 20

    Textos, letramentos e territórios 26

    Encaminhamentos necessários 30

LETRAMENTOS ACADÊMICOS:
ENFOQUES SOBRE A ESCRITA CIENTÍFICA 33
Adriana Fischer, Letícia Lungen,
Mariana Aparecida Vicentini e Sandra Pottmeier

    Por que pesquisar as vozes discursivas
        dentro de diferentes áreas do conhecimento? 33

    Percursos e percalços metodológicos: um caminho a se experienciar 36

    Áreas diferentes, saberes diferentes?
        Uma análise das áreas estudadas e seu modo de escrita 40

    Considerações finais 50

LETRAMENTO DO BRINQUEDO:
DEFICIÊNCIA, DIFERENÇA E INCLUSÃO 55
Danielle Almeida e José Maria Sarinho Júnior

Deficiência, diferença e inclusão: múltiplos olhares 56

Semiótica social e multimodalidade:
maximizando as ideias seminais e ressignificando
os aspectos materiais e tridimensionais dos objetos 58

Letramento do brinquedo e suas contribuições para a Linguística 60

Sobre os sentidos dos bonecos artesanais inclusivos 65

Considerações finais 70

LETRAMENTO DIGITAL: DEFINIÇÕES IMPERMANENTES 73
Ana Elisa Ribeiro

Letramento e TDIC 75

Letramento digital 79

Letramentos digitais: modelos e medidas 82

New London Group e novas mídias, uns anos antes 84

Considerações finais 85

TRADUÇÃO, LETRAMENTO E SUAS RELAÇÕES 89
Patrick Rezende

Tradução como prática de letramento 96

Considerações finais 103

UMA BREVE CONVERSA SOBRE LINGUAGEM,
LÍNGUAS E LINGUÍSTICA APLICADA 109
Daniel Ferraz

O organizador 123

Os autores 125

Apresentação

O termo "letramento" tem estado presente em diversos ambientes, dos acadêmicos aos mais cotidianos. Não é incomum nos depararmos com o uso corriqueiro desse vocábulo para tratar do grau de clareza que um indivíduo tem ou adquire sobre suas práticas individuais e coletivas, seus discursos e suas tomadas de decisão diante de temas pungentes da vida social, como questões de gênero, étnico-raciais, da cultura digital, da política etc.

Esse uso cada vez mais abrangente pode provocar, por um esvaziamento incidental, a pulverização do que o letramento e seus consequentes campos de investigação têm, de fato, a contribuir com os estudos da linguagem e com a sociedade de maneira geral, que usufrui do conhecimento cientificamente validado para lidar de forma autônoma com problemáticas típicas da existência humana, com os desafios do ensino-aprendizagem e com outras tramas nas quais a linguagem está envolvida.

Diante disso, *Territórios do letramento* foi pensada como uma obra que visa indicar alguns endereçamentos caros aos estudos do letramento, ao evocar fontes teóricas que o distinguem de outras disciplinas da Linguística, bem como as interseções possíveis ao seu plano de trabalho. É também objetivo evidenciar as contribuições do letramento à ciência da linguagem contemporânea e a práticas sociais que se manifestam nos usos diversos e sociais da língua, concretizados na própria interação humana, na formação profissional, na capacitação docente e em sua apropriação como objeto de ensino.

Partimos de uma compreensão global de que letramento é o desenvolvimento de habilidades que possibilitam ler, escrever e fazer usos socialmente situados da linguagem (em suas múltiplas possibilidades semióticas e materialidades) em diversas esferas de atividade humana, estejam elas localizadas no âmbito privado, familiar, escolar, acadêmico, profissional, digital etc. Em todos esses contextos, haverá a necessidade de se estabelecer práticas autônomas e emancipadas com textos e gêneros, os quais se materializam em diversos suportes tecnológicos e sob diferentes objetivos interacionais.

Ao mesmo tempo, essa ideia-chave não deve causar uma falsa percepção de pacificação ou, até mesmo, de morbidez sobre o que são e o que podem os estudos do letramento na contemporaneidade. Essas investigações têm arborescido uma série de focalizações que se fazem pertinentes no âmbito da pesquisa com linguagem. Já são diversos os campos em que o letramento tem identificado demanda de trabalho, percebida principalmente quando sujeitos deixam de negociar sentidos democraticamente, pelo desconhecimento de gêneros e práticas letradas que os permitiriam interações humanas e institucionais mais horizontais. É na proposição de enfrentamento a essa lacuna que têm se fortalecido ramos do letramento de contribuição inconteste, como o letramento acadêmico, o letramento digital, o letramento visual, o letramento crítico, dentre outros.

Por essa razão, este livro reúne, além de alguns desses campos e diálogos com os quais os estudos do letramento têm produzido conhecimento, diversas provocações, experiências de pesquisa e atualizações que, certamente, serão excelentes norteadores ao estudo de pesquisadores em Linguística que tenham como interesse a Linguística Aplicada, os estudos textuais-discursivos, semióticos e da tradução, bem como as tecnologias digitais e da comunicação. Pensando, ainda, na relação entre a experiência científica validada com as diversas práticas com a linguagem na vida social, há o desejo de que os esforços aqui reunidos alcancem outros contextos caros ao

APRESENTAÇÃO

trabalho com a linguagem, como a formação continuada do professor de língua materna ou adicional.

Os autores que assinam os capítulos a seguir são detentores de uma produção consistente e altamente contributiva aos estudos do letramento – e da linguagem como um todo –, sendo corresponsáveis pela consolidação do campo nacional e global. Seus textos ousam em esclarecer e apontar caminhos teóricos e aplicados para uma percepção atualizada e contextual dos estudos do letramento, não apenas como elemento da práxis acadêmica, mas como força para lidar com os diversos desafios da vida imersos e constituídos de linguagem, explorando tendências investigativas que se mostram latentes no mundo contemporâneo.

No primeiro capítulo, "Texto, sentido e letramento", de Guilherme Brambila, são demonstradas a proximidade e a mútua contribuição entre as teorias do texto, sobretudo as localizadas na Linguística Textual (LT), e o campo de estudo do letramento. Seu objetivo é estabelecer, no plano reflexivo e prático, como o texto, compreendido enquanto objeto multifacetado pelo qual sujeitos interagem e se constituem, está localizado nas práticas de letramento, evidenciando o quão produtiva essa perspectiva pode ser às pesquisas de ambas as áreas. Além disso, trabalhos de Marcuschi, reconhecido linguista do texto, são recuperados como forma de demonstrar em que medida a LT e os letramentos dialogam no âmbito dos estudos da linguagem.

Em "Letramentos acadêmicos: enfoques sobre a escrita científica", Adriana Fischer, Letícia Lungen, Mariana Aparecida Vicentini e Sandra Pottmeier discutem o uso de modos de referência ao discurso do outro como forma de diálogo com outras vozes discursivas, a partir da análise de dez artigos científicos mais citados de duas distintas áreas de conhecimento. Ao longo dessa experiência prática, as autoras delineiam bases teóricas e aplicadas do letramento acadêmico, demonstrando não apenas problematizações, procedimentos e abordagens típicas desse campo de estudo, como também um panorama crítico sobre como cada área focaliza e valoriza determinadas práticas letradas. Trata-se, portanto, de um capítulo que se inscreve como

9

ferramental potente para a recepção e a produção de conhecimento acadêmico-científico nos planos micro e macroestrutural.

Danielle Almeida e José Maria Sarinho Júnior propõem localizar, em "Letramento do brinquedo: deficiência, diferença e inclusão", os temas da deficiência, diferença e inclusão pela vertente do letramento do brinquedo, tomando como fonte dessa elaboração os bonecos artesanais inclusivos e sua potencialidade na provocação de significados ideológicos, socioculturais e discursivos. Para isso, recorrem às teorias da semiótica social e da multimodalidade, a fim de apresentar não só resultados de um trabalho de impacto social e inclusivo como também uma linha de atuação investigativa possível a partir dos estudos do letramento visual, focalizados no letramento do brinquedo.

"Letramento digital: definições impermanentes", de Ana Elisa Ribeiro, apresenta um importante panorama acerca do letramento digital, permitindo que os leitores conheçam de que maneira esse campo se desenvolveu com o advento e a evolução das tecnologias digitais da informação e comunicação (TDIC), as quais demandaram (e demandam) práticas específicas com a linguagem e reflexões sobre como essas novas dinâmicas transformam o modo como nos relacionamos. Ribeiro, ao apresentar uma retomada de bases e trabalhos importantes dos estudos do letramento, evidencia a relevância do letramento digital, sua especificidade e interlocução com o contexto tecnológico em uma sociedade que urge por acessá-lo democraticamente.

Patrick Rezende, em "Tradução, letramento e suas relações", parte dos estudos da tradução para indicar de que maneira podemos compreender o traduzir como prática de letramento. Retomando o próprio processo tradutório que trouxe o conceito "letramento" ao vocabulário brasileiro, Rezende estabelece panoramas quanto à profundidade da prática tradutória, bem como às suas demandas concernentes às interfaces política, ideológica e sócio-histórica da linguagem, as quais devem compor o bojo desse ato, reverberando-se como prática de letramento por primazia.

Como encaminhamento para pensarmos questões referentes à linguagem e à educação linguística, Daniel Ferraz é o responsável pelo fechamento

APRESENTAÇÃO

deste livro, com o capítulo "Uma breve conversa sobre linguagem, línguas e Linguística Aplicada". A proposta de Ferraz, propositalmente provocadora em sua forma e conteúdo, coloca em evidência a necessidade do diálogo franco e contínuo a respeito da língua, não só pensada como objeto da prática acadêmica e profissional, mas como elemento constitutivo de nossas relações humanas. Para tanto, movimenta debates e inspira conversas pautadas na Linguística Aplicada e no letramento crítico, servindo-nos de mote para repensarmos o ensino, as práticas sociais e os demais contextos em que a linguagem se faz necessária na propulsão de cidadãos emancipados.

Na expectativa de aguçar a necessária curiosidade sobre essa área de estudos tão instigante, importa a questão: quais são os territórios do letramento? As propostas aqui apresentadas – apesar de não se comprometerem com uma resposta fechada ou com verdades absolutas, estando embasadas em aportes teóricos afins ao seu escopo de investigação – fornecem subsídios e atualizações pertinentes para o entendimento de bases claras que fortalecem essa pergunta, provocando o leitor a posicioná-la como fonte de reconhecimento de um campo de trabalho apto ao diálogo, às interfaces teórico-analíticas e, sobretudo, à promoção de uma cidadania que se forma juntamente aos usos sociais da linguagem.

Desejo uma excelente leitura!

Guilherme Brambila
Organizador

Texto, sentido e letramento

Guilherme Brambila

O texto está recorrentemente instigando analistas e demais estudiosos da linguagem. Desde a sua admissão como objeto complexo e alvo de um estudo científico-metodológico, tendo protagonizado a ideia de que toda linguística é necessariamente uma linguística do texto (Weinrich, 1966, apud Koch, 1997), testemunha-se sua constante reelaboração, bem como a atualização do olhar das áreas de estudo que se dedicam ao seu entendimento e ao seu lugar na sociedade contemporânea.[1]

Considerando a natureza processual do texto e seu uso no compartilhamento de sentidos construídos por indivíduos sociais, torna-se claro admitir que não convivemos ou interagimos a partir de uma noção uniforme de texto, mas somos compelidos a flexibilizar e a ressignificar a materialização de nossos projetos de dizer, visto que cada esfera de atividade humana demandará formas relativamente estáveis próprias às suas dinâmicas social e historicamente determinadas. Nessa esteira, novos textos se constroem e, com eles, surgem novos desafios quanto ao seu aprendizado e ao seu uso.

Neste capítulo,[2] serão tecidas algumas reflexões que evidenciam a interface dos estudos do texto com o campo dos letramentos, pensando-os em um elo produtivo à compreensão da linguagem, das práticas sociais e do complexo processo de tornar-se letrado contemporaneamente.

Sem a pretensão de exaurir o tema, uma vez que são contínuos e em construção tanto os estudos do texto quanto os dos letramentos, o presente capítulo divide-se em três partes: a primeira focaliza a relação de texto e letramento; a segunda destaca, em uma proposição prática, o trabalho de Luiz Antônio Marcuschi, linguista do texto, a articulação de seu campo teórico no escopo das práticas sociais letradas, enquanto a terceira demonstra, tomando os demais capítulos desta obra como exemplo, de que maneiras diferentes textos convocam territórios de estudo do letramento de diversidade igualmente proporcional.

A primeira seção busca demonstrar, com a recuperação de apontamentos teóricos de autores do campo dos estudos do texto e do letramento, o quão pertinente é tomar seus planos de trabalho como intercambiáveis e fortemente relacionados. As discussões estão norteadas pela defesa de um não enclausuramento do texto, o qual o abstrai para uma exterioridade e/ou produção fechada e alheia às relações humanas. Em outra direção, tem-se em vista concebê-lo na interação social de indivíduos que constroem e compartilham projetos de dizer.

A segunda seção, focada em uma perspectiva prática das reflexões construídas, selecionou alguns trabalhos de Marcuschi, com especial atenção aos seus estudos do texto no contexto das práticas sociais e pedagógicas. No conjunto do extenso legado de produções científicas do linguista, foram destacadas percepções de seu pensamento que se mostram amplamente relevantes e atuais frente ao desafio do texto nos contextos em que o campo dos letramentos se mostra uma iniciativa cabível à emancipação cidadã e à democracia.

A terceira seção focaliza a relação indissociável entre a diversidade de textos e a de campos do letramento. Partindo dos próprios capítulos presentes neste livro, suas temáticas e suas concepções de letramento defendidas, tem-se o objetivo de visualizar, em um plano prático e reflexivo, como se compõem alguns enfoques investigativos do letramento (aqui chamados de territórios), sua afinidade com construções variadas de textos e o desdobramento desse enlace à vida social.

O TEXTO NAS PRÁTICAS DE LETRAMENTO

A presente discussão é inaugurada com a definição de *prática de letramento* por Kleiman (2005: 12), que a conceitua como "conjunto de atividades envolvendo a língua escrita para alcançar um determinado objetivo numa determinada situação, associadas aos saberes, às tecnologias e às competências necessárias para a sua realização".

Nessa perspectiva, há compreensão de uma essencialidade humana nas práticas de letramento, uma vez que os participantes de diversos contextos letrados devem responder às demandas com a linguagem que se instauram a partir da interação social, tomando decisões e atitudes que os localizem nessas práticas enquanto indivíduos que existem em um tempo e espaço sócio-histórico, em constante interlocução e resposta a outros sujeitos sociais.

Para Barton e Hamilton (1998), as práticas de letramento são culturalmente construídas e, como todos os fenômenos culturais, têm suas raízes no passado. Para entender os letramentos contemporâneos, é necessário documentar as formas pelas quais estão historicamente situados: as práticas de letramento são tão fluidas, dinâmicas e mutáveis quanto as vidas e as sociedades das quais fazem parte. Desse modo, é importante considerar que os desdobramentos de práticas de letramento não são uniformes, pois as relações com a linguagem são ressignificadas a cada contexto de acontecimento, sendo movidas pelos sujeitos, pelos níveis relacionais que desempenham entre si, pela historicidade, pelas disputas de poder envolvidas, pelos objetivos sociointeracionais definidos, impostos e/ou implícitos e pelas finalidades agregadas ao texto para o alcance de todos esses horizontes.

Diante disso, é relevante compreender que práticas de letramento ocorrem na medida em que se toma como pressuposto uma noção menos mecânica e estática da linguagem e, consequentemente, do texto, o qual requer ser concebido como processo relacional e de constituição (Koch, 2003) de seres humanos que se comprometem com a construção de sentidos. Conforme propõe Koch (2014 [1995]: 25-26),

> Um texto passa a existir no momento em que parceiros de uma atividade comunicativa global, diante de uma manifestação linguística, pela atuação conjunta de uma complexa rede de fatores de ordem situacional, cognitiva, sociocultural e interacional, são capazes de construir, para ela, determinado sentido. [...] *o sentido não está no texto*, mas *se constrói a partir dele,* no curso de uma interação.

As práticas de letramento alcançam sua materialização dentro da dimensão dos textos, sobretudo quando idealizados como processos pelos quais sentidos são construídos e negociados, dentro de um comprometimento social humano e situado. Afinal, é por meio do compartilhamento de textos que sujeitos em interação demarcam seus projetos de dizer, os quais estão constantemente circunscritos em uma realidade sócio-histórica e dotados de objetivos calcados na interação social.

Assim, para o fomento de práticas de letramento significativas, cabe trazer para o bojo das atividades com a língua uma concepção de texto que serve à intencionalidade dos sujeitos que o manejam, podendo ser ressignificado/reformulado conforme as demandas sociointeracionais se apresentam e dentro das convenções linguísticas e sociais de cada tempo-espaço. Ademais, as práticas de letramento exigem a compreensão de que a sociedade se (re)organiza constantemente por meio de textos, o que requer admiti-los como peças móveis e multifacetadas do complexo tecido social e não como produto exteriorizado deste. Nessa perspectiva, Oliveira (2010: 330) afirma que

> Sabemos que o mundo é textualizado. Leitura e escrita estão em toda parte. O que circula, portanto, na rua ou em ambientes comunitários são modos de inscrição específicos (placas, propagandas, faixas, outdoors, fachadas etc.) de grande força comunicativa e que, por isso, merecem atenção. Consumir e saber produzir os inúmeros textos que se distribuem nos mais variados contextos sociais significa não apenas ter acesso a essas práticas comunicativas, mas também assumir uma forma de poder que a muitos é negada.

Da mesma forma que as teorias do texto podem, em grande medida, contribuir com o campo de estudos do letramento, é verdadeiro afirmar o inverso. Nessa esteira, é preciso pensar que a multiplicidade de textos requer uma diversidade proporcional de práticas de letramento que fomentem caminho para relações cada vez menos assimétricas com a linguagem. Afinal, entendendo práticas de letramento como oportunidades pelas quais lidamos e acessamos horizontalmente as dimensões socioculturais, políticas e ideológicas da língua/linguagem, torna-se imprescindível formar sujeitos capacitados a recepcionar, produzir e compartilhar diferentes textos como uma forma de negociar e ocupar espaços, com vistas à mobilidade social e ao exercício da cidadania.

Na tese de doutorado de Silva (2007: 44), há um apontamento pertinente quanto à relação intrínseca do sujeito e as práticas de letramento via textos:

> Todo texto estabelece posições de sujeito para o leitor. Por exemplo, um artigo de jornal ou uma carta de amor pressupõe certos conhecimentos, valores e crenças que o leitor precisa ativar. Sermos posicionados pelos textos está ligado a como nos vemos, a nossa identidade. Por exemplo, quando preenchemos formulários, enquadramo-nos nas categorias das questões elaboradas por pessoas das instituições que criam formulários. O modo como os textos são usados contribui para estruturarem as identidades das pessoas. As práticas estruturam a subjetividade. Existem as pessoas que construíram os textos e aquelas que os utilizam.

Verifica-se, com isso, que o contexto das práticas de letramento estimula uma posição ativa e responsável frente ao texto e a suas possibilidades. Em outros termos, assumimos diferentes posições em sociedade e nos habilita-mos a construir projetos de dizer diversificados à medida que nos inserimos de maneira autônoma em atividades com a linguagem que estimulem um excedente de visão sobre a língua e seus processos relacionais (como a leitura e a escrita), afastando-os da mera reprodução acrítica e colocando-os como escopos propícios à negociação de sentidos e ao diálogo com as alteridades.

Dessa forma, o texto, enquanto processo interrelacional pelo qual parti-cipantes interagem e se constituem, pode ser também compreendido como epicentro das práticas de letramento. Afinal, independentemente do meio semiótico usado, sugerido ou imposto, só conseguimos demarcar nosso lugar relacional perante o(s) outro(s) e nas diversas esferas de atividade hu-mana em que estamos inseridos por meio de textos, os quais se organizam em formas relativamente estáveis, denominadas gêneros (Bakhtin, 2011), e estão norteados pela interação social. Com isso, práticas de letramento precisam recorrer a uma noção não fechada de texto, sempre que os sujeitos nelas inscritos estiverem engajados a agir socialmente e a ocupar espaços através da linguagem.

Tanto da perspectiva daquele que viabiliza/ensina quanto daquele que recepciona/aprende textos, a inserção em suas dinâmicas como circunstância de formação social letrada (e não meramente decodificadora) cumpre não apenas objetivos e metas de curto alcance, como a adequação formal do objeto linguístico no contexto em que é empregado, mas também de longo alcance, como o desenvolvimento de atitudes e habilidades sociocognitivas que visem ao acesso a diferentes interações sociais através da plasticidade dos textos. Assim, as práticas de letramento possibilitam entender o texto

> [...] em suas incompletudes, uma vez que contém uma gama de implícitos, dos mais variados tipos, somente detectáveis quando considerados os conhecimentos prévios dos participantes da interação, não apenas de língua, mas também de mundo e de gêneros textuais, modo de composição e funcionamento. (Elias e Silva, 2017: 306)

A fim de ilustrar a reflexão lançada, é possível tomar como exemplo um recorte da tese de doutorado de Brambila (2021), a qual tratou do processo da escrita na pós-graduação, defendendo a necessidade de práticas de letramento acadêmico situadas no problema concernente à produção de textos nessa esfera. Parte do objeto de pesquisa consistiu em entrevistas semiestruturadas com pós-graduandos brasileiros que relataram suas experiências com esses textos, bem como suas dificuldades e apreensões em sua formação enquanto pesquisadores-autores acadêmicos. Destaca-se desse grupo o doutorando em Ciências Humanas José,[3] que, ao narrar sua trajetória acadêmica, concede uma autoavaliação quanto ao desenvolvimento de sua formação linguística, autoral e acadêmica a partir das próprias práticas letradas às quais foi oportunizado na universidade:

> José: Eu acho que na tese nós precisamos saber utilizar a metodologia de forma perfeita, né. Isso já tem que estar claro no mestrado, na dissertação, mas no doutorado tem que estar perfeito. Acho também que a gente tem que saber utilizar teoria, talvez contribuir um pouco, avançar um pouco além da teoria, mas pelo menos aplicá-la perfeitamente. E *não só usar a bibliografia, a literatura, mas também ir além dela*. Não ficar repetindo igual

no mestrado, como muitas vezes a gente faz. No caso de [área de pesquisa], é utilizar as fontes, *dar uma nova interpretação para contribuir com o que já existe*. De certa forma trazer algo novo ao que já tem. [...] Eu acho que eu estou mais seguro. *Não fico mais apenas me segurando nas referências, escrevo mais com as minhas palavras*. Eu acho que eu estou mais seguro quanto a isso. Eu escrevo de forma mais calma, porque no mestrado eu atropelava muito a escrita, pelo fato de citar muitas pessoas, ficava mais a fala dos outros que a minha. E *eu tô começando a pensar mais um pouco na narrativa da tese*, algo que no mestrado eu não fazia. Antes eu pensava apenas academicamente e agora eu tenho me preocupado com a narrativa mais agradável à leitura. (Brambila, 2021: 2013; grifos meus)

Com base no relato de José e nos destaques da citação, nota-se um cenário em que o trabalho com o texto, neste caso o acadêmico, está explicitamente atrelado a uma mobilidade social viabilizada pela linguagem. Em outras palavras, o próprio processo da escrita de textos, quando posicionado como prática circunscrita na língua que visa à interação social, não está limitado à mecânica do registro ou ao paradigma de uma reprodução de expectativas estilísticas e formais dissociadas do contexto concreto da produção. Em outra via, José ressignifica não apenas o trabalho com a linguagem, mas também seu próprio lugar de potencial negociador de sentidos. Ele percebe-se como sujeito que desenvolve habilidades e ganha autonomia em seu círculo acadêmico na medida em que não se subordina a um paradigma de texto, mas o utiliza como processo de constituição e interação social, compreendendo limites e interfaces possíveis dessa dinâmica. "Sob o entendimento da escrita enquanto prática social, histórica e ideológica, afirmamos que a produção textual constante em uma área proporciona a José subsídios para reconhecer seu lugar de sujeito em meio a um processo tão complexo" (Brambila, 2021: 214).

Um destaque importante do referido exemplo reside na evolução para uma visão mais heterogênea do texto a partir de um processo exitoso de prática de letramento. José, que se via em um lugar de reprodutor frente ao gênero textual dissertação (na época de seu mestrado), desenvolveu sua autonomia na circunstância da produção da tese de doutorado, percebendo, por exemplo, a possibilidade de explorá-la como gênero detentor de uma heterogeneidade tipológica em que se articula, a partir do projeto de dizer definido, o tipo narrativo ao argumentativo na tessitura dessa produção.

Apesar dessa sucinta reflexão, é possível explicitar relações produtivas do trabalho com o texto dentro das práticas de letramento, que podem ser comumente ignoradas em função de noções e abordagens focadas em fechar e reproduzir esse objeto multifacetado, sobretudo quando condicionadas a avaliações em larga escala, ao cumprimento de prazos e à burocratização das práticas com a linguagem. Em direção contrária, pensar o texto como oportunidade singular da concretização de práticas de letramento é evidenciar o lugar essencialmente inter-relacional de sua constituição, bem como a necessidade de o compreender e o produzir em profundo diálogo com os sentidos construídos no tempo e no espaço social.

No sentido de corroborar essa defesa, na próxima seção serão recuperados alguns apontamentos concernentes ao texto e às práticas sociais herdados da contribuição de Marcuschi à Linguística. Considerando sua extensa e rica produção intelectual, serão realizados alguns destaques que reiterem a relevância de se retomar constantemente esse autor sempre que intentarmos viabilizar práticas de letramento exitosas via textos.

LETRAMENTO E LT:
O QUE (AINDA) APRENDEMOS COM MARCUSCHI

Nesta seção serão revisitadas, ainda que sucintamente, contribuições de Luiz Antônio Marcuschi (1946-2016) que permitem, a partir do seu trabalho na Linguística Textual (LT), evidenciar a relação produtiva entre as teorias do texto e o campo de estudos do letramento. Naturalmente, esse autor não é o único filiado à LT que desenvolveu pesquisas relevantes relacionadas aos desdobramentos do texto nas práticas sociais e pedagógicas, porém é inevitável reconhecer a atualidade de suas propostas e a possibilidade de ainda aplicá-las nos estudos contemporâneos da linguagem, nos quais está incluída a área dos letramentos.

Em conferência proferida no 1º Encontro de Estudos Linguístico-culturais da Universidade Federal de Pernambuco (UFPE) e publicada posteriormente na revista *Diadorim*, Marcuschi (2016 [2000]) traçou uma observação importante quanto à relativa rapidez da LT em tornar-se um campo e tecnologia adequados aos manuais de ensino, em comparação ao mesmo percurso dos estudos sociolinguísticos e pragmáticos. Conforme defendeu,

> De certo modo, ela [LT] tem a vantagem de trazer um componente extremamente aplicável que é o aparato teórico adequado à análise do funcionamento do texto, seja sob o ponto de vista da produção ou da compreensão, os dois aspectos que passarão a dominar cada vez mais o ensino a partir dos anos 80. [...] Definindo o texto como evento e observando-o como processo e não como produto, a LT passou a incorporar domínios cada vez mais amplos, tendo que dar conta da integração de aspectos linguísticos, sociais e cognitivos no funcionamento da língua. (Marcuschi, 2016: 18-19)

Assim como asseverado pelo linguista, LT pode ser compreendida como um campo promotor de práticas sociais circunscritas na linguagem, uma vez que sua lente analítica contribui para a descrição e explicação dos limites e das possibilidades do texto frente aos contextos em que indivíduos estão em interação. Como consequência, as teorias linguísticas do texto detêm bases e fundamentos científico-metodológicos suficientes para uma revisão de abordagens, sobretudo as situadas no seio educacional. Tal característica serve para contrabalancear o inevitável jugo dos enquadres avaliativos, advindos do modelo escolástico, com vistas a acessar democraticamente textos diversos e fomentar a negociação de sentidos pela linguagem em cenários sociais distintos.

A partir de uma visão acurada quanto ao trabalho possível com o texto como norte da formação linguística e humana, desenvolvem-se compreensões quanto ao seu lugar de objeto de ensino, inclusive quando posicionado como peça de compêndios pedagógicos, como é o caso dos livros didáticos. A partir de Marcuschi (2002), torna-se possível problematizar a departamentalização do conhecimento linguístico que comumente reside nesses materiais, o que não significa extingui-los, mas sim customizá-los para melhor adequação às práticas letradas que se fazem possíveis a partir de uma perspectiva histórico-social da linguagem.

> Trata-se, portanto, de um falso dilema a discussão de se é mais importante saber gramática ou saber o que foi que alguém quis dizer com o que disse. O dilema: "*gramática ou texto?*" é um falso dilema. Não se vai longe sem gramática e não se usa a gramática a não ser para produzir textos. É desastroso para alguém se não souber distinguir entre o uso de "*ao encontro de*" e "*de encontro a*", pois correrá o risco de dizer o contrário do que deseja, mas é igualmente desastroso se ele não conseguir entender minimamente os contratos que assina ou as instruções de uso dos aparelhos que compra. (Marcuschi, 2002: 50)

Ao deflagrar a falsidade constante em um dilema geralmente associado ao aprendizado da língua, pelo qual o estudante (e, por vezes, o professor) é confrontado com a escolha entre o texto ou a gramática, Marcuschi destaca e rememora a natureza dialógica e social não só da língua como também dos textos nos quais se materializa. Conjuntamente, sua reflexão evidencia a necessidade de se tomar o texto, seja ou não enquanto objeto de ensino, como processo de impactos sociais variados a depender da relação construída e de quais acessos são vislumbrados a partir de seu uso.

Depreende-se, com isso, a importância de não ignorar a diferença entre a apreensão do código linguístico em sentido estrito e a formação do sujeito letrado que será capacitado a subverter uma visão equivocada que mecaniza a linguagem, com vistas a lançar um olhar e atitudes plásticas em sua participação crítica e social. Nessa esteira, Rojo (2004: 2) contribui com um importante encaminhamento, quando afirma que

> [...] ser letrado e ler na vida e na cidadania é muito mais que isso: é escapar da literalidade dos textos e interpretá-los, colocando-os em relação com outros textos e discursos, de maneira situada na realidade social; é discutir com os textos, replicando e avaliando posições e ideologias que constituem seus sentidos; é, enfim, trazer o texto para a vida e colocá-lo em relação com ela. Mais que isso, as práticas de leitura na vida são muito variadas e dependentes de contexto, cada um deles exigindo certas capacidades leitoras e não outras.

Marcuschi também coloca em relevo a ideia do compartilhamento de textos como processo de produção de sentidos, tarefa esta que não se realiza sem uma sustentação sócio-histórica ou intencionalidades inscritas em um comprometimento mútuo com a interação:

> A produção de sentido, neste caso, diz respeito a escolhas para atingir certos efeitos com instruções de tal modo organizadas que possam conduzir àquele objetivo. Certamente, ao redigir um texto legal, devo cuidar para não ser ambíguo nessa produção de sentido, mas ao escrever um poema, posso seguir outra sugestão. Saber que tipo de escolhas devo fazer é o mesmo que ter conhecimentos sociais, culturais e linguísticos de tal ordem que permitam obter o efeito desejado. (Marcuschi, 1999: 14)

Retomando a premissa das práticas de letramento, em que são desenvolvidas atividades com a língua intimamente relacionadas a objetivos que visem a uma relação horizontal e democrática de sujeitos sociais, compreendemos com Marcuschi (1999) que isso se concretiza em uma esteira empírica e responsável com o texto, admitindo-o como processo contínuo, de múltiplas interfaces e possibilidades, conforme emergem as novas tecnologias, os projetos de dizer e as conjunturas que se desenvolvem em cada sociedade.

Ainda que uma perspectiva fechada possa ser praticada acerca do que é e do que se pode realizar no trabalho com o texto, encontramos na fortuna teórica da LT um caminho produtivo para problematizar esse tipo de abordagem. Afinal, se sentidos não estão nos textos, mas são construídos por aqueles que os manejam na interação social (Koch, 2014 [1995]), torna-se premente o desenvolvimento de práticas com a linguagem, inseridas ou não no escopo pedagógico, que não estejam enclausuradas na falsa ideia de língua enquanto código morto, mas sim em constante articulação com o que os sujeitos podem ser capazes de realizar com ela, sobretudo por meio dos textos em suas variedades, heterogeneidades tipológicas e (re)construções possíveis e disponíveis.

Na discussão endereçada aos letramentos, Marcuschi também contribuiu ao correlacionar o texto oral dentro desse escopo aplicado.

> Considerava-se a relação oralidade e letramento como dicotômica, atri-buindo-se à escrita valores cognitivos intrínsecos no uso da língua, não se vendo nelas duas práticas sociais. Hoje, como se verá adiante, predomina a posição de que se pode conceber oralidade e letramento como atividades interativas e complementares no contexto das práticas sociais e culturais. [...] Oralidade e escrita são práticas e usos da língua com características próprias, mas não suficientemente opostas para caracterizar dois sistemas linguísticos nem uma dicotomia. Ambas permitem a construção de textos coesos e coerentes, ambas permitem a elaboração de raciocínios abstratos e exposições formais e informais, variações linguísticas, sociais, dialetais e assim por diante. (Marcuschi, 2010: 16-17)

Da apreensão do linguista, somos instados a pensar e problematizar o quanto o trabalho com a linguagem pode estar enraizado em paradigmas sobre a língua que reduzem as formas de construirmos e negociarmos sentidos a partir de dicotomias que in/excluem interfaces possíveis de um uso social, como é o caso da oralidade e da escrita. Se os letramentos são essencialmente humanos e fundados conforme possibilitam as sociedades em que se desenvolvem, é razoável considerar que suas dimensões são constantemente clivadas por crenças, culturas e juízos de valor acerca da língua e de suas formas de elaboração, o que pode culminar em práticas paradigmáticas, subalternas, emancipatórias etc.

Sob esse viés crítico, Marcuschi (2010) coloca atenção sobre a consideração necessária acerca da oralidade enquanto esteira produtiva de práticas sociais letradas. Ainda que haja a reminiscência na valorização do texto escrito, sobretudo impulsionada pelas visões culturalista e imanentista (cf. Marcuschi, 2010), importa não abandonar o trabalho com a oralidade (e, consequentemente, com os gêneros orais), não apenas para um cumprimento burocrático em que essa prática seja meramente tolerada, mas como plano de desenvolvimento crítico de habilidades, atitudes e autonomia que darão acesso a sujeitos letrados adentrarem as diversas esferas de atividade humana em que o texto oral inerentemente existe, ainda que em reconhecimento aquém do merecido.

Mesmo que não tenhamos conseguido fazer a justiça de contemplar toda a relevância do trabalho de Marcuschi aos estudos da linguagem, o último destaque, para repensarmos as práticas pedagógicas através das lentes da LT, será sobre suas reflexões acerca do hipertexto e dos desafios desse objeto ao contexto de formação humana.

> A "leitura" do hipertexto é caracterizada como uma viagem por trilhas. Ligam-se nós para formarem-se redes. Ou no dizer de Snyder (1997), nos movemos num "labirinto" que não chega a constituir uma unidade. É sob este aspecto que o hipertexto submete seus navegadores ao já aludido "stress cognitivo" por estabelecer exigências muito mais rigorosas e sérias em conhecimentos e habilidades de leitura. Este é o primeiro ponto a reter dessa exposição: o hipertexto supõe, ao contrário do que se imagina, mais conhecimentos partilhados, mais atenção e decisão constante para que se torne uma leitura proveitosa e produtiva. [...] O hipertexto pode promover a construção social do conhecimento pela interação que redistribui o poder e a autoridade pelo menos no caso da produção textual. (Marcuschi, 2001: 107-108)

O contexto da conectividade e do hipertexto que se (re)materializa nas interações mediadas pelas novas tecnologias digitais da comunicação e informação é suscitado nesse texto de Marcuschi, do início do século XXI, como panorama digno de atenção, sobretudo por constituir-se como cenário de questionamento ao formato tradicional da leitura (de cima para baixo, da esquerda para a direita, em linha reta) e do que se instituiu canonicamente como percurso de aferição de sentido. De fato, os desdobramentos da era digital têm sido cada vez mais robustos e latentes na sociedade contemporânea, o que requer um olhar constantemente móvel para as práticas sociais organizadas nessa esfera.

Com isso, Marcuschi salienta a necessidade de uma disposição muito mais intensa de conhecimentos compartilhados para lidar, de maneira autônoma e não subalterna, com o hipertexto. A capilaridade e a rebeldia do fluxo de informações conduzirão construções cada vez mais singulares que deverão ser contrabalanceadas com a necessidade de não se perder de vista a coletividade inerente da vida em sociedade.

Tal desafio destacado pelo linguista provoca-nos a reiterar a relação necessária entre a interface do texto e o campo de estudos do letramento. Tratando-se da não convencionalidade do hipertexto, se comparado ao texto escrito "analógico" e tradicional, é importante sempre pensar práticas de letramento como escopo de trabalho plural que se desenvolve a partir e com os diferentes tipos de texto e práticas sociais circunscritas na linguagem. Assim, fica a percepção de que os letramentos não serão "um", já que tampouco assim serão os textos. Diferentes gêneros emergem de demandas sociais, requerendo o desenvolvimento de práticas letradas que os dominem, em condução aos objetivos traçados por cada projeto de dizer.

TEXTOS, LETRAMENTOS E TERRITÓRIOS

Tendo em vista esse percurso introdutório e o contexto em que este capítulo se insere, é possível exercitar uma vez mais a compreensão de que a diversidade de interações que se estabelecem histórica e culturalmente em cada realidade social demanda, por consequência, variados textos, que se singularizam em formas, estilos ou suportes tecnológicos distintos. Desse enquadre haverá contextos de inclusão e exclusão engendrados, principalmente, por crenças, estratificações sociais e modelos de produção e recepção de discursos que definirão paradigmas aos que dominam ou não determinada prática social letrada.

Diante disso, urge a necessidade de pensar, na singularidade e em coletivo, práticas de letramento que caminhem na contramão do paradigma vertical, estando comprometidas com a percepção de que determinadas esferas de atividade humana requerem textos específicos na manutenção de suas dinâmicas sociointeracionais, os quais demandam perspectivas, abordagens e propostas que também focalizem não só sua natureza estrutural/formal como também as práticas sociais às quais estão atrelados.

A obra em que este texto está inserido caminha na perspectiva de mostrar, seja pelo exercício de reflexão teórica, seja pelo compartilhamento de experiências práticas com a pesquisa na área, que diferentes focalizações de letramento se tornam relevantes na medida em que assumimos não haver textos iguais: cada texto está marcado por um projeto de dizer articulado à singularidade de um indivíduo que detém posições axiológicas, conhecimentos enciclopédicos e comprometimentos interacionais, estabelecendo relações dialógicas únicas.

Ao mesmo tempo, esse texto se vincula a tipificações e regularidades que o posicionam no tempo-espaço ao qual foi planejado para a produção ou leitura. Dessa maneira, vale retomar Koch (2013: 33), quando afirma que o texto é:

> [...] o próprio lugar da interação e os interlocutores, sujeitos ativos que – dialogicamente – nele se constroem e por ele são construídos. A produção de linguagem constitui atividade interativa altamente complexa de produção de sentidos, que se realiza, evidentemente, com base nos elementos linguísticos presentes na superfície textual e na sua forma de organização, mas que requer não apenas a mobilização de um vasto conjunto de saberes (enciclopédia), mas a sua reconstrução – e a dos próprios sujeitos – no momento da interação verbal.

Especificamente, trabalharemos com os próprios capítulos aqui presentes não apenas por serem excelentes produções que situam com acurácia campos específicos de trabalho e interface, mas por também terem eficazmente colaborado com uma percepção ampliada de texto que se desdobra em sinalizações quanto à necessidade de pensarmos que os estudos do letramento devem ser concebidos em sua dimensão global e local. Sendo assim, realizaremos uma apreciação geral sobre a concepção de texto elaborada pelas propostas aqui presentes, seja no horizonte teórico ou como objeto de investigação, a fim de salientarmos conjuntamente a qualidade e a importância de cada contribuição nesta área de múltiplas possibilidades.

No capítulo "Letramentos acadêmicos: enfoques sobre a escrita científica" deste livro, Fischer et al. inscrevem-se nos estudos do letramento acadêmico e compartilham a experiência de pesquisa com a análise de vozes discursivas e a construção do texto academicamente validado em diferentes áreas do conhecimento. Destacamos dessa proposta uma apreensão importante às autoras e, consequentemente, ao que temos defendido nestas páginas: considerando o texto um objeto multifacetado, cujas dimensões estéticas, estruturais e sociointeracionais se realizam em um projeto de dizer atrelado a um acontecimento tempo-espacial específico, os estudos do letramento acadêmico colocam luz à heterogeneidade da própria instituição universitária, em seu sentido lato e estrito.

Uma grande contribuição dessas autoras aos estudos do letramento acadêmico por meio desse capítulo reside em deflagrar o quão falacioso pode ser uma concepção estanque e paradigmática de textos produzidos no gênero artigo científico. É requerido do(s) indivíduo(s) que realiza(m) determinada produção textual em uma disciplina específica, dentre as tantas do contexto acadêmico, a assunção de práticas, dinâmicas e relações dialógicas e intertextuais com o outro (e seus textos) coerentes e afins, com vistas a acessarem e participarem de sua comunidade científica. Por isso, mostra-se relevante a construção de propostas metodológicas e abordagens que, apesar de tomarem o enquadre geral que as identifique como práticas de letramento, visem atender a uma formação acadêmica integral em suas demandas e especificidades.

Almeida e Sarinho Júnior, no capítulo subsequente, intitulado "Letramento do brinquedo: deficiência, diferença e inclusão", trazem um enquadre distinto e igualmente relevante: brinquedos são artefatos social e culturalmente constituídos, tal qual outras modalidades de texto, pelos quais sujeitos estabelecem e negociam sentidos. No contexto da deficiência, diferença e inclusão, esses objetos lúdicos são agregados de novos significados e colaboram no exercício para a reivindicação de identidades e existências social e historicamente marginalizadas.

Apoiados nos estudos da multimodalidade e na semiótica social, os autores apontam para uma das qualidades principais do texto, a partir de sua acepção contemporânea: seu caráter reticulado e tentacular. Considerando que brinquedos são, em geral, produzidos com cores, texturas e representações de diversos grupos sociais, por meio de estéticas aplicadas em sua fabricação, compreendemos que esses artefatos também projetam concepções de mundo em diversos planos, extrapolando a mera linearidade. Para tanto, Almeida e Sarinho Júnior evidenciam a necessidade do letramento do brinquedo, enquanto proposta que reconhece e não subestima práticas sociais possíveis através desse modo de construção de linguagem.

Avalio que esse ganho nos leva, principalmente, aos anos iniciais da educação básica e às práticas de letramento nela estabelecidas. Por meio do letramento do brinquedo, são ofertadas novas explorações e acessos a uma possibilidade de texto, abandonando o senso comum que associa esses objetos a uma ludicidade despropositada, para evocar sua utilidade na construção de acessos para a inclusão e a transformação social.

Com "Letramento digital: definições impermanentes", Ribeiro nos movimenta a pensar, mais uma vez, sobre as novas e desafiadoras dinâmicas humanas que se materializam na leitura e na produção de textos no contexto digital. Apesar de a natividade digital ser uma consistente realidade de indivíduos que, já em grande número, usufruem, praticam, leem e compartilham textos dessa natureza, consideramos igualmente necessário não tomar tal dado como ponto pacífico e imaculado de problematizações, teorizações e propostas aplicadas que visem estabelecer proximidade horizontal entre usuários das tecnologias digitais de informação e comunicação (TDIC).

Ao posicionar o enfoque do letramento digital sobre a leitura e a produção de textos que partam dessa natureza, Ribeiro conduz-nos ao reconhecimento de que há uma esfera de atividade humana não mais paralela à vida analógica, mas que com ela se articula e se referencia, produzindo influências mútuas e múltiplas. Tal constatação evoca a necessidade de pensar a dimensão não só estética como também ética do texto digital, o que nos estimula a rememorar o pensamento ontológico de Bakhtin (2011). Dessa forma, práticas de letramento endereçadas à particularidade do mundo digital não só estabelecem pontes com uma atitude mais produtiva frente a esses textos, mas fomentam uma visão integral, consciente e responsável em meio ao uso social dos recursos tecnológicos e comunicacionais que constantemente são agregados às interações humanas.

Rezende, no capítulo "Tradução, letramento e suas relações", contribui com a admissão de que os estudos do letramento não só atuam em suas focalizações, mas também em suas interfaces interdisciplinares. Tal combinação produtiva eleva, por consequência, entendimentos, usos e possibilidades de trabalho com o texto. No caso específico da tradução, entendida pelo autor como possibilidade de prática de letramento, somos alertados quanto ao caráter não permanente dos sentidos de um texto em meio a esse processo: não se trata apenas de trocar códigos sob uma falsa ideia de imutabilidade de sentidos. O exercício da tradução ratifica a ideia de que não há apenas um câmbio silenciado de códigos, mas um exercício reflexivo e crítico para se repensar efeitos de sentido e desdobramentos na língua-alvo e nos contextos social, histórico e cultural aos quais a produção se destina.

Nessa perspectiva, urge reconhecermos que uma prática tradutória dissociada de práticas de letramento não realiza plenamente a importante função social que lhe cabe. Assim, consideramos produtiva a instituição de estudos do letramento sobre a prática tradutória, uma vez que contribuem para que não se percam de vista as interlocuções éticas, estéticas, sociais, ideológicas e culturais juntamente ao texto traduzido.

Ferraz, englobando, em grande medida, discussões alimentadas nos demais capítulos, convoca-nos, por meio de "Uma breve conversa sobre linguagem, línguas e Linguística Aplicada", a pensar sobre concepções de língua que perpassam nossa historicidade social e formativa com a linguagem. Por consequência, esse tipo de provocação requer de nós (re)discutir as próprias práticas de letramento investidas e privilegiadas na constituição de nossa educação linguística. Para tanto, é preciso também revisitar os textos que compuseram esse bojo de aprendizagem, os porquês da predileção de determinados gêneros em detrimento de outros e, de maneira muito importante, que compreensões da linguagem se formam dessas dinâmicas.

Como se percebe, os estudos do letramento podem, de fato, assumir diversos territórios, considerando que a linguagem (e suas concretizações na forma de toda sorte de textos) é requerida a ocupar múltiplos espaços por força interacional. Sendo assim, as variadas esferas de atividade impulsionam a produção de textos em gêneros que terão seus estilos, formas composicionais e conteúdos temáticos atualizados pelos enquadres históricos e sociais que fomentam as relações humanas. Portanto, mostra-se importante pensar o letramento em sua multiplicidade de enfoques, o que possibilita assumi-lo como seara promissora frente aos usos cada vez mais impermanentes da linguagem.

ENCAMINHAMENTOS NECESSÁRIOS

As discussões desenvolvidas neste capítulo, certamente, não exaurem a gama de possibilidades constantes no trabalho produtivo do texto dentro de práticas de letramento que o vislumbrem como acesso a atitudes emancipadas com a linguagem e como caminho que possibilita a construção de sentidos. Ainda assim, cabe realizarmos alguns destaques que são pertinentes, sobretudo aos possíveis leitores que trabalham com textos, seja como objeto de análise/pesquisa, seja como de ensino-aprendizagem.

As esferas de atividade humana, cada qual com suas estruturas sócio-históricas, dispõem de dinâmicas de compartilhamento de textos que estão em constante reiteração e/ou atualização. Seja nos âmbitos familiares, escolares, profissionais, jurídicos etc., os textos, em suas mais diversas formas e organizados em uma imensa possibilidade de gêneros, são produzidos e compartilhados como espaço produtivo de negociação de sentidos que se efetivam quando indivíduos se capacitam a utilizar da língua e de sua plasticidade para a concretização de práticas sociais.

As reflexões produzidas neste capítulo provocam-nos a entender que o percurso é mais complexo que parece, sendo imprescindível considerar que as práticas letradas, enquanto atividade intrinsecamente humana com a linguagem, não são uniformes, tampouco mecânicas, exigindo estratégias, abordagens e percepções da língua situadas em cada contexto ou demanda de uso.

Entendemos, assim, que o trabalho dos letramentos pode ser entendido como um conjunto de contribuições teórico-aplicadas que exercem o papel de incomodadores a uma visão decodificadora de língua e, por consequência, do texto. Letrar, nessa esteira, não é apenas desenvolver uma capacidade cognitiva de ligar sintagmas ou rotular tipos de texto, mas é, principalmente, entender os desdobramentos sociais e desenvolver a autonomia necessária para estabelecer contato com a vida cidadã e democrática, através de um uso emancipado da linguagem.

Portanto, em muito as teorias do texto têm a contribuir nessa expansão contínua de visão sobre uma relação horizontal com a linguagem nas práticas sociais em que somos instados a participar. Conforme defendemos, o papel da LT frente a esse desafio se revela em sua franca predisposição ao aprofundamento das dimensões desse evento multifacetado, tanto nos aspectos formais quanto nos sociocognitivos, concedendo enquadres analíticos que reiterem a necessidade de não encararmos textos como objetos imaculados de intencionalidades e relações, mas de o admitirmos como peças fundamentais da socialização humana.

Notas

[1] Registro um agradecimento especial à Vanda Elias, cuja leitura generosa potencializou as discussões propostas neste capítulo.

[2] Este capítulo foi produzido com fomento da Coordenação de Aperfeiçoamento de Pessoal de Nível Superior (Capes), por meio da concessão de bolsa de estudos do Programa de Pós-Doutorado Estratégico (Processo nº 88887.923516/2023-00).

[3] A área de atuação e o nome do entrevistado foram propositalmente pseudonimizados, mantendo o cumprimento dos padrões de ética em pesquisa já praticados desde a tese.

Referências

BAKHTIN, Mikhail. *Estética da criação verbal*. São Paulo: Martins Fontes, 2011.

BARTON, David; HAMILTON, Mary. *Local literacies*: reading and writing in one community. London/New York: Routledge, 1998.

BRAMBILA, Guilherme. *O processo da escrita na pós-graduação*: o academicismo como prática de dessubjetivação. Vitória, 2021. Tese (Doutorado) – Universidade Federal do Espírito Santo, 2021.

ELIAS, Vanda; SILVA, Sandro. Práticas de leitura em sala de aula: em busca de sentidos. *Percursos Linguísticos*, v. 7, n. 17, 2017, p. 303-313.

KLEIMAN, Angela. *Preciso "ensinar" o letramento? Não basta ensinar a ler e a escrever?*. Ministério da Educação. Brasília (DF), 2005.

KOCH, Ingedore. Linguística textual: retrospecto e perspectivas. *Alfa*, São Paulo, n. 41, 1997, p. 67-78.

_____. *Desvendando os segredos do texto*. 2. ed. São Paulo: Cortez, 2003.

_____. *Introdução à lingüística textual*: trajetória e grandes temas. 3. ed. São Paulo: Martins Fontes, 2013.

_____. *O texto e a construção dos sentidos*. 10. ed. São Paulo: Contexto, 2014.

MARCUSCHI, Luiz Antônio. Aspectos linguísticos, sociais e cognitivos na produção de sentido. *Revista do GENLE*, ano 1, n. 1, 1999, p. 7-15.

_____. O hipertexto como um novo espaço de escrita em sala de aula. *Linguagem & Ensino*, v. 4, n. 1, 2001, p. 79-111.

_____. Compreensão de texto: algumas reflexões. In: DIONÍSIO, Ângela Paiva; BEZERRA, Maria Auxiliadora. *O livro didático de português*: múltiplos olhares. 2. ed. Rio de Janeiro: Lucena, 2002, p. 48-61.

_____. *Da fala para a escrita*: atividades de retextualização. 10 ed. São Paulo: Cortez, 2010.

_____. O papel da linguística no ensino de línguas. *Diadorim*, Rio de Janeiro, n. 18, v. 2, 2016, p. 12-31.

OLIVEIRA, Maria do Socorro. Gêneros textuais e letramento. *Revista Brasileira de Linguística Aplicada*, Belo Horizonte, v. 10, n. 2, 2010, p. 325-345.

SILVA, Edna Cristina Muniz. *Gêneros e práticas de letramento no ensino fundamental*. Brasília, 2007. Tese (Doutorado) – Universidade de Brasília.

ROJO, Roxane. Letramento e capacidades de leitura para a cidadania. *SEE: CENP*, 2004, p. 1-8.

Letramentos acadêmicos: enfoques sobre a escrita científica

Adriana Fischer
Letícia Lungen
Mariana Aparecida Vicentini
Sandra Pottmeier

POR QUE PESQUISAR AS VOZES DISCURSIVAS DENTRO DE DIFERENTES ÁREAS DO CONHECIMENTO?

A discussão no meio acadêmico em torno dos modos de referenciar o discurso de outrem (Boch e Grossmann, 2002) em artigos científicos tem sido objeto de foco para diversas áreas de conhecimento nos últimos anos. Neste capítulo, adotamos o uso dos termos "modos de referência ao discurso do outro" e "vozes discursivas" para nos referir ao que classificamos, no meio acadêmico-científico, como "citação". Tais nomenclaturas são empregadas, pois o termo "citação" se refere a uma das categorias utilizadas para a análise dos textos que compõem o *corpus* desta pesquisa.

Ao estudarmos a forma como a escrita científica acontece nessas diferentes áreas de conhecimento, é possível entendermos um pouco mais sobre particularidades de cada uma, o que permite apontamentos e problematizações em torno da difusão de trabalhos acadêmicos. Contribui para esse estudo o índice de fator de impacto de revistas científicas, quais gêneros discursivos mais utilizados e anos mais citados nos textos e o uso da autocitação enquanto ferramenta discursiva e difusora do conhecimento científico. Hyland (2003) reflete sobre as amplas redes sociais que estão nos bastidores da competitividade do mundo acadêmico, visando sempre ao reconhecimento e, posteriormente, aos investimentos.

Há pesquisas que já vêm sendo realizadas que se debruçam sobre essa temática, baseadas nos estudos dos letramentos acadêmicos dos quais nos afiliamos, a exemplo deste capítulo, vinculado ao projeto "Letramentos acadêmicos: impactos e transformações em práticas de contextos educativos", de Adriana Fischer, CNPq nº 09/2022 – Bolsas de Produtividade em Pesquisa – CNPq (2023-2026), e ao projeto de pesquisa "Discurso acadêmico na pesquisa e no ensino: questões em torno da apropriação da palavra de outrem", do Programa de Pós-Graduação em Letras da Pontifícia Universidade Católica de Minas Gerais, sob coordenação de Juliana Alves Assis, que desde 2018 vem desenvolvendo pesquisas em torno dos letramentos acadêmicos e do uso de vozes discursivas em artigos científicos de alto impacto (Dieguez, 2023; Ferreira, 2022). O grupo de pesquisa "Estudos sobre a linguagem" do Programa de Pós-Graduação em Estudos Linguísticos da Universidade Estadual Paulista, liderado por Fabiana Komesu, assim como os projctos "Letramentos e tecnologias na educação científica e no enfrentamento da desinformação" e "Aprendizes universitários em práticas contemporâneas de letramento acadêmico-científico para formação de professores e de pesquisadores globalizados", dos quais é coordenadora, têm investigado áreas do conhecimento que são foco de nosso estudo (Gazarian, 2023; Silva, 2023). O grupo de pesquisa "Linguagens e letramentos na educação", do Programa de Pós-Graduação da Universidade Regional de Blumenau, no qual nos situamos, é coordenado por Adriana Fischer e tem empreendido suas investigações visando discutir os letramentos acadêmicos e científicos em periódicos de alto impacto, em áreas com grande e pouca relevância no meio científico. Esses periódicos foram indicados pelo Clarivate Analytics, que apresenta uma categorização por áreas e subáreas em seus relatórios (Fischer et al., 2021; Fischer, Silva e Ferreira, 2020).

Assim sendo, a pesquisa dessa temática vai ao encontro dos estudos dos letramentos acadêmicos, quando investigam sobre como os pesquisadores das diferentes áreas do conhecimento entendem e produzem a escrita (Curry e Lillis, 2016; Fuza, 2016; Lea e Street, 1998; 2006; Lillis, 2008; Oliveira,

2012). Para Lea e Street (1998; 2006), os letramentos acadêmicos podem ser entendidos como um conjunto de práticas sociais, no contexto acadêmico-científico, as quais incluem leituras e escritas diversas e têm como base sentidos que se constituem em virtude de relações epistemológicas, de poder e de identidade, de forma distinta em áreas de conhecimento específicas.

Em consonância com esse enfoque teórico, o presente estudo propõe a autocitação como objeto de nosso trabalho, a partir da análise de dez artigos científicos mais citados de periódicos com maior fator de impacto de duas diferentes subáreas do conhecimento, sendo elas: Biologia (Ciências da Vida e Biomedicina) e Psicologia (também inscrita na área de Ciências Sociais), em inglês, publicados no período de 2016 a 2020. Para tanto, buscou-se compreender as funções e os sentidos da autocitação, incluindo gênero e ano em que foi citado, bem como o modo de referência ao discurso do outro (Boch e Grossmann, 2002).

Este trabalho, portanto, justifica-se por compreender os discursos de pesquisadores em torno da escrita científica, em distintas áreas de conhecimento, Psicologia e Biologia, de modo a problematizar as similaridades e diferenças encontradas, para, assim, considerarmos a publicação científica enquanto prática social que está sujeita a transformações e adaptações de acordo com seu contexto social e suas possibilidades. Ainda, este estudo se relaciona com pesquisas como as realizadas por Silva (2023), que discute a autocitação em artigos científicos na área das Ciências Humanas e em Ciências Exatas; de Gazarian (2023), que tece reflexões acerca da cultura disciplinar e autocitação em torno da publicação científica em periódicos de alto impacto nas subáreas de Linguística e Química; e de Dieguez (2023), que apresenta configurações e funções da referência do discurso do outro sob a perspectiva enunciativo-discursiva de citação de artigos de alto impacto na área do Direito. Sob essa mesma perspectiva teórica, ancorada no Círculo de Bakhtin, também em Foucault e Bourdieu, Ferreira (2022) busca compreender e descrever os discursos que orientam a escrita do artigo científico em periódicos médicos, identificando os valores que emergem dessas instruções.

A seguir, apresentamos as principais escolhas metodológicas adotadas para este capítulo.

PERCURSOS E PERCALÇOS METODOLÓGICOS: UM CAMINHO A SE EXPERIENCIAR

Este capítulo caracteriza-se por uma abordagem qualitativa (Bogdan e Biklen, 1994), a qual compreende o pesquisador como aquele que questiona, tensiona, problematiza e busca compreender o processo, o contexto e o objeto a ser investigado. Essa abordagem dialoga com autores dos letramentos (Fischer, 2007; Kalantzis, Cope e Pinheiro, 2020; Komesu e Fischer, 2014; Lea e Street, 2006; Street, 2003; 2010) que contribuem para compreensão das práticas de escrita e de leitura direcionadas para a produção científica e acadêmica em se pensando em áreas de alto impacto e pouco impacto a partir da categorização e exigência pelo Clarivate Analytic (2018), por exemplo.

Com suporte em Oliveira, Straussburg e Piffer (2017), as Ciências Sociais foram predominantemente dominadas pelas metodologias quantitativas, mas, neste século, a área apresenta uma rápida mudança para as metodologias qualitativas. As diversas publicações nessa abordagem têm mudado o rumo das pesquisas sociais e humanas. Os autores ainda discorrem sobre a diversidade de campos do saber que estão dentro da abrangência da abordagem qualitativa, entre eles, a Psicologia e Biologia (Oliveira, Straussburg e Piffer, 2017).

O *corpus* de análise desta investigação conta com cinco artigos da área de Psicologia e cinco artigos da área de Biologia. Justifica-se a escolha pelas duas áreas, especialmente, por dados do Clarivate Analytics (2018), as quais são possíveis destacar: a maior parte dos trabalhos de pesquisadores do Brasil são publicados na área nomeada como *hard science* (Ciências da Vida e Biomedicina); o meio de divulgação mais utilizado para esses trabalhos é a publicação em periódicos com alto fator de impacto; a internacionalização se faz presente dentro das parcerias de coautoria; o relatório traz à tona a necessidade de investigação da área de Ciências Sociais, devido ao seu pequeno tamanho e crescimento. O interesse em investigar a área de Ciências Sociais encontra-se, principalmente, em compreender regularidades nas práticas de letramentos com escrita científica por áreas de grande impacto que podem servir como modo de demarcação de um posicionamento. Ainda, os dados podem apoiar a definição de metodologias de avaliação que contemplem as particularidades de distintas áreas de conhecimento.

A subárea de Biologia, por sua vez, por incorporar uma das áreas de maior relevância no meio científico (Clarivate Analytics, 2018) é a mais citada, de forma geral. Tal prerrogativa corrobora o estudo de Hyland (2003: 254), em que são analisados 240 artigos científicos e 800 resumos de 8 diferentes áreas de conhecimento. O autor (2003) observou que os trabalhos da subárea de Biologia eram tipicamente até 60% mais longos do que nas outras ciências e mais citacionais em geral. O periódico com maior fator de impacto na área é a *Nature*, revista científica interdisciplinar britânica com periodicidade semanal.

Inicialmente, para escolher a melhor forma de seleção do *corpus*, foram feitos estudos sobre os conceitos de vozes discursivas, o papel e a importância do autor, bem como a relevância das normas, do fator de impacto e da internacionalização da ciência. Por fim, a base de dados escolhida foi a plataforma Web of Science, a qual foi acessada por meio do Portal Capes (Coordenação de Aperfeiçoamento de Pessoal de Nível Superior), via Comunidade Acadêmica Federada (CAFe).

Para escolha dos artigos, inicialmente selecionamos o periódico com maior fator de impacto da base. Foi utilizada a opção "Journal Citation Reports", da Web of Science, visto que seria possível ordenar os periódicos da categoria pelo fator de impacto. Em Psicologia, o periódico com maior fator de impacto encontrado foi o *Psychological Bulletin*, com fator 20.838, mas não foi possível selecioná-lo visto que seus artigos não eram de acesso aberto.

O segundo periódico na listagem, e o escolhido, foi o *Annual Review of Psychology*, com fator de impacto 18.111. Como alguns dos artigos desse periódico eram fechados, sendo necessário o pagamento para lê-los na íntegra, então optamos por trabalhar apenas com os textos disponibilizados em acesso aberto.

Após definido o periódico, iniciamos a busca pelos artigos dos últimos cinco anos (2016-2020). O periódico *Annual Review of Psychology* é de publicação anual e cada um de seus volumes conta, em média, com 26 artigos. Os artigos escolhidos foram os cinco mais citados, segundo busca feita na Web of Science, e que estivessem disponíveis na íntegra.

Conforme mencionado na seção introdutória, com base no *Clarivate Report* (Clarivate Analytics, 2018), as grandes áreas selecionadas para esta investigação são: Ciências da Vida e Biomedicina, subárea de Biologia, e Ciências Sociais, subárea de Psicologia.

Os artigos de cada área foram enumerados de acordo com a sequência construída em uma planilha de controle das próprias autoras para a análise do número de citações, nas subáreas de Psicologia e de Biologia, por ordem crescente do número de citações na Web of Science. Portanto, os trabalhos de Psicologia serão mencionados da seguinte forma: P1, P2, P3, P4 e P5. As tabelas a seguir (Tabelas 1 e 2) demonstram os artigos selecionados em cada uma das áreas de conhecimento, seu ano de publicação e número de citações na Web of Science.

Tabela 1 – Artigos selecionados de Psicologia

Artigo Psicologia	Ano de publicação	Número de citações WoS
Psychology of Habit	2016	262
Psychology, Science and Knowledge Construction: Broadening Perspectives from the Replication Crisis	2018	141
Interactions with Robots: The Truths We Reveal About Ourselves	2017	98
Learning from Errors	2017	88
Social Motivation: Costs and Benefits of Selfishness and Otherishness	2017	36

Os estudos da subárea de Biologia são chamados de B1, B2, B3, B4 e B5. A tabela dos artigos referentes à área de Biologia é exemplificada a seguir, contendo os mesmos dados que a tabela de Psicologia, anteriormente mencionada.

LETRAMENTOS ACADÊMICOS

Tabela 2 – Artigos selecionados de Biologia

Artigo Biologia	Ano de publicação	Número de citações WoS
A pneumonia outbreak associated with a new coronavirus of probable bat origin	2020	5964
Analysis of protein-coding genetic variation in 60,706 humans	2016	5434
Genetic effects on gene expression across human issues	2017	1175
The UK biobank resource with deep phenotyping and genomic data	2018	843
The mutational constraint spectrum quantified from variation in 141,456 humans	2020	733

Serão analisados, em cada um dos artigos selecionados, o gênero discursivo (Bakhtin, 2011 [1979])[1] citado, o ano de publicação e os modos de referência ao discurso do outro, sendo os seguintes: a evocação e o discurso relatado, o qual se subdivide em reformulação, ilhota citacional e a citação (Boch e Grossmann, 2002). O foco aqui é na autocitação, que, para Ioannidis (2015), é um movimento em que o autor cita seu trabalho anterior em trabalhos acadêmicos subsequentes, ou seja, é uma forma de referenciar o discurso do outro, mas que presume sempre a menção a um trabalho anterior do qual um dos autores faça parte.

Para as análises, foram escolhidos os seguintes critérios: autocitação, com vistas a notar a produção científica e os grandes grupos que colaboram para criar e citar suas pesquisas, revelando relações de poder; o gênero discursivo, por ter se mostrado como uma categoria diferenciada nas duas áreas de conhecimento; e, por fim, o ano de publicação, tendo a Psicologia utilizado, segundo a análise do *corpus*, obras clássicas e mais antigas, enquanto a Biologia fez uso das referências mais atuais sobre a temática estudada.

ÁREAS DIFERENTES, SABERES DIFERENTES?
UMA ANÁLISE DAS ÁREAS ESTUDADAS E SEU MODO DE ESCRITA

A vertente teórica que ampara nossas discussões é o que Street (2003) denominou de estudos dos letramentos, a qual dialoga com a perspectiva enunciativa-discursiva de Bakhtin e seu Círculo por compreender o sujeito e a linguagem como sociais e históricos. Ao analisar os letramentos, em contexto acadêmico, Lea e Street (2006) propõem três modelos que tratam da leitura e escrita: o das habilidades, da socialização acadêmica e dos letramentos acadêmicos. No primeiro modelo, os letramentos podem ser entendidos como habilidades individuais e cognitivas para a leitura e a escrita. Já o segundo tem como foco a socialização acadêmica, trazendo à tona a preocupação com a aculturação dos estudantes em disciplinas, hipotetizando que os discursos e práticas textuais são facilmente plausíveis de reprodução em diversos outros contextos. O terceiro e último modelo, o dos letramentos acadêmicos, propõe considerar, além das habilidades e da socialização acadêmica, os sentidos nas interações, questões de identidade, poder e autoridade. Ele coloca em evidência a natureza institucional de práticas letradas (Lea e Street, 2006).

Afiliadas a este terceiro modelo, realçamos o que Street (2010) já nos apresentava ao discutir práticas de letramentos com artigos científicos: elas envolvem valores, atitudes, sentimentos e relações sociais, os quais, muitas vezes, podem representar "dimensões escondidas" aos escreventes e leitores, pelo modo de engajamento, de conhecimento e de produção nessas práticas letradas. Essas dimensões regulam a produção e a distribuição de linguagens na interação entre as pessoas, os grupos e as comunidades. Diversos estudos vêm sendo realizados com foco em análise das esferas em que ocorrem as práticas de letramentos envolvendo atividade de escrita científica. Colocam-se em evidência aqui as pesquisas direcionadas para os letramentos acadêmicos (Curry e Lillis, 2016; Fischer, 2015; Fischer e Hochsprung, 2017; Fuza, 2016; Lea e Street, 1998; Lillis, 2008; Oliveira, 2015).

Neste estudo, as análises recaem sobre artigos científicos que se constituem como práticas de letramentos acadêmicos (Fischer, 2015).

Denominamos que a linguagem utilizada na escrita desses artigos científicos é a escrita de pesquisa (Reuter, 2004), ou seja, a que produz e difunde conhecimentos em uma dada comunidade científica.

Para entender o funcionamento e o uso de vozes discursivas em ambas as áreas, optamos por refletir sobre propostas de Boch e Grossmann (2002), quando discorrem sobre o uso do discurso do outro, incluindo a evocação, que se resume a quando o autor faz a alusão a trabalhos sem resumir o teor desses. Exemplos de evocação são os trechos da obra em que há ausência de marcas introdutórias no discurso e há a presença de um nome próprio, utilizando nome e ano da obra, sem contar com o teor desta. O discurso relatado conta com a reformulação, ilhota citacional e a citação autônoma. Aqui, especialmente, trataremos da reformulação, sendo um recurso que permite ao escritor correlacionar a fala do outro em seu próprio discurso, como quando o autor traz em sua fala marcas introdutórias, sem uso de itálico ou aspas: "segundo X..., de acordo com x..." (Boch e Grossmann, 2002).

A escolha pela análise da autocitação justifica-se por esta se mostrar como uma das ferramentas importantes para que os pesquisadores ou grupos de pesquisa atinjam credibilidade no campo científico (Hyland, 2003).

As duas áreas selecionadas para análise, Psicologia e Biologia, possuem o mesmo número de artigos, cinco de cada. A escolha se deu pelos artigos mais citados dos quatro periódicos com maior fator de impacto dentro da Web of Science. Apesar de similaridades para a escolha dos artigos, as áreas apresentam significativas diferenças.

O periódico de Biologia escolhido, *Nature,* aparece com fator de impacto de 42.779. Em Psicologia, o periódico escolhido foi o *Annual Review of Psychology*, com fator de impacto 18.111. Além disso, o artigo mais citado da área de Biologia teve 5.964 citações, conforme mostrou a Tabela 2. Na área de Psicologia, o artigo mais citado foi mencionado 262 vezes. A discrepância nesses dados pode ser entendida a partir do já mencionado estudo de Hyland, em que se observou que trabalhos de Biologia costumavam ser até 60% mais longos do que nas outras ciências e mais citacionais em geral.

Referente aos gêneros discursivos, no quesito diversidade, os trabalhos da área de Psicologia foram os mais notáveis, como exemplifica a Tabela 3.

Tabela 3 – Gêneros discursivos encontrados no *corpus* de Psicologia

Gênero discursivo	P1	P2	P3	P4	P5
Artigo	151	91	99	99	135
Livro	9	10	5	11	9
Capítulo de livro	3	3	2	5	13
Notícia	-	2	5	-	-
Filme	-	-	1	-	-
E-book	-	-	1	-	-
Pôster	-	-	-	-	-
Relatório	-	-	-	-	1
Outros	1	1	26	3	-

Boch e Grossmann (2002) abordavam a temática de gênero diante de dois *corpora* de análise diferentes. Enquanto os autores trabalhavam com a análise de artigos de pesquisa e relatórios de estágio, aqui notamos uma diversidade de materiais, conforme exemplifica a Tabela 3, incluindo alguns dos artigos que se apoiaram em notícias de jornais, revistas on-line e filmes (como P3) e o predomínio de artigos científicos em todos os selecionados.

Dessa forma, identificamos que o artigo nomeado P3 usa de uma diversidade de gêneros discursivos para abordar um tema emergente, qual seja a Psicologia e a robótica. Em um trecho do artigo P3 é possível notar a referência a um filme, sendo:

> Para quem não está familiarizado com robôs, a primeira coisa a entender é que quase todos os robôs que vemos na ficção científica são muito mais uma fantasia. Até o robô do filme *Robot & Frank* (Ford, 2012), que se parece muito com o robô real Asimo, feito pela Honda, recebeu muito mais habilidades no filme do que o verdadeiro Asimo. (Broadbent, 2017: 629; tradução nossa)

LETRAMENTOS ACADÊMICOS

Ainda, no mesmo artigo, há o trecho de uma notícia publicada no site britânico *The Guardian*:

> Em muitos países desenvolvidos, robôs autônomos fazem aspiração nas casas, e há um número crescente de robôs de companhia autônomos em lares de idosos em todo o mundo desenvolvido. Há até um hotel japonês com robôs, embora com humanos auxiliando (Rajesh 2015). (Broadbent, 2017: 629; tradução nossa)

Quanto à diversidade dos gêneros discursivos expressos nas obras de Psicologia, realçamos que, para tratar de um assunto emergente, como a robótica, mais fontes foram consultadas, além das obras-chave. O motivo pela escolha do gênero jornalístico pode se dar devido à larga circulação social em massa desse meio, principalmente em se pensando em veículos de comunicação digitais. Além disso, podem ser ligadas ao fato evidenciado por Campos (2016), em que retrata a carência na área da Psicologia de um modelo a ser seguido em sua forma de fazer pesquisa, colocando como hipótese a diversidade do campo em suas orientações. Assim, nessa diversidade resultam as restrições de síntese e integração, tendo como resultado metodologias regionalizadas em abordagens ou segmentadas por áreas de atuação. Esse dado aponta que muitos autores da área costumam usar obras clássicas de uma determinada abordagem para fundamentar sua temática, a depender da área de atuação ou estudo. Esses autores o fazem a partir do lugar de onde falam/enunciam e como pesquisadores, cientistas e estudiosos de suas áreas de atuação, de pesquisa estão autorizados a dizer o que dizem e para quem dizem, porque há validade nesse dizer em um dado tempo e espaço quando se utilizam de discursos já-ditos, construídos pelo outro (Bakhtin, 2011 [1979]). Uma manifestação assim se apresenta no artigo P1:

> [...] a construção dos hábitos adquiriu significados específicos nas tradições *behavioristas* da lei efeito de *Thorndike (1898)*, a teoria da pulsão formalizada de *Hull (1943)* e o *condicionamento operante* de *Skinner (1938)*. Contudo, esses modelos de hábito baseados em *reforço* foram logo superados à medida que o campo abrangia mais perspectivas propositivas e cognitivas. (Wood e Rünger, 2016: 290; tradução nossa, grifos nossos)

Ficam explícitas, nesse trecho, a diversidade de ano das referências utilizadas pelo autor e uma das influências na temática do artigo: a Psicologia Cognitivo-Comportamental, pelos conceitos *behavioristas* de condicionamento operante e reforço. Essa influência e essa diversidade de ano ocorrem pois trata-se de um discurso já legitimado, validado e aceito na esfera científica, inscrito na área da Psicologia, como comprovam os numerosos estudos empreendidos pelos autores situados historicamente nessa esfera social.

Além disso, Clark Hull, por exemplo, foi um psicólogo norte-americano que desenvolveu seus estudos às margens das concepções behavioristas (como estímulo-resposta). Thorndike, também psicólogo norte-americano, estudava sobre o comportamento animal. Skinner é, assim como apontado por Foucault (2001), o tipo de autor que tem um legado que precede sua obra. Essa afirmação indica que os discursos científicos que emergem das teorias e experiências realizadas por esses estudiosos da área da Psicologia circunscrevem uma dimensão social e axiológica do enunciado. Social, porque há uma interação com o outro quando há divulgação dos resultados obtidos por esses psicólogos. Axiológica, porque se trata de um conjunto de valores que são atribuídos e constituem esses enunciados em um dado cronotopo. Tais enunciados, por sua vez, são retomados, embasam outras pesquisas e reforçam a sua importância e são valorizados, porque já há um dito. Essa valoração, segundo afirmam Silveira, Rohling e Rodrigues (2012: 62), "[...] atinge nossos discursos, que se materializam nos enunciados. Por essa razão não existe enunciado neutro, uma vez que ele sempre é balizado por esse horizonte axiológico [...]" em diferentes esferas sociais da atividade humana, como é o caso deste estudo, na esfera acadêmica, científica.

Nessa direção, há autores que não são somente os autores de suas obras, de seus livros, eles deixaram outras contribuições, sejam possibilidades ou regras de formação para outros textos nas e pelas funções-autores que assumiram em dado tempo e espaço (Foucault, 2001). Cita-se como exemplo Freud, que não é apenas o autor de uma obra de Psicanálise, mas que ditou como obras desta área são escritas até hoje, assim como acontece com Skinner na área da Psicologia Cognitivo-Comportamental e Análise do

Comportamento. Esses tipos de autores são chamados de "instauradores de discursividade" (Foucault, 2001). Em coerência com esses enfoques, uma hipótese para a diversidade de anos nas referências dos artigos de Psicologia é a busca por obras clássicas de autores que são, portanto, instauradores de discursividade e são referência dentro de sua área.

Ainda, para Foucault (2001), o nome do autor pode dar sentido e confiabilidade a um texto, haja vista a sua verdade de saber, de poder, em uma determinada esfera social em um determinado tempo, ou a responsabilidade que também assume diante do texto escrito/falado. É, portanto, aquele autorizado a falar/dizer/escrever o que fala/diz/escreve em um dado contexto, como o meio científico, acadêmico, porque domina as práticas de letramento desta esfera social (Lea e Street, 2006; Street, 2003). É aquele que carrega a responsabilidade autoral e "[...] quem poderia dizer [falar, escrever] dessa maneira" (Bakhtin, 2011 [1979]: 308; acréscimos nossos). Isso porque, de acordo com o que afirma Bakhtin (2011 [1979]: 176), "o autor ocupa uma posição responsável no acontecimento do existir, opera com elementos desse acontecimento e, por isso, sua obra é também um momento desse acontecimento [...]".

Logo, segundo sublinha ainda o autor, "todo texto tem um sujeito, um autor (o falante, ou quem escreve). Os possíveis tipos e modalidades e formas de autoria. Em certos limites a análise linguística pode até abstrair inteiramente a autoria [...]" (Bakhtin, 2011 [1979]: 308), porque há uma apropriação por parte de quem lê, reelabora e escreve novamente baseado nas palavras do outro, no já-dito, no já-falado, no já-escrito, conforme é possível observamos nas citações e autocitações. Além disso, as práticas de letramentos na esfera acadêmica (Fischer, 2015) se constituem por particularidades que pertencem a ela no que tange aos gêneros discursivos que dela fazem parte, como a elaboração e publicação de livros, capítulos de livros, artigos, ensaios e resenhas científicas, por exemplo.

Já a área de Biologia conta com uma diversidade menor quanto ao gênero discursivo, conforme expresso na Tabela 4.

Tabela 4 – Gêneros discursivos encontrados no *corpus* de Biologia

Gênero discursivo	B1	B2	B3	B4	B5
Artigo	14	40	80	40	51
Site	2	-	-	8	1

Para tanto, observa-se a reflexão proposta por Hyland (2017), em que afirma que nas *hard sciences,* como a Biologia, os autores costumam neutralizar sua presença, utilizando-se de seres inanimados e de tabelas e gráficos que dialogam com o leitor informando a temática a que se propõem tratar, buscando assim trazer dados atualizados e resultados mais rápidos. Há um menor uso das obras-chave, dos ditos clássicos, como observado na área de Psicologia, onde o artigo mais antigo data de 1780, seguido de 1840, enquanto no início dos anos 1970 há números mais expressivos até a última década, que conta com os seguintes: P1 = 91, P2 = 72, P3 = 93, P4 = 32 e P5 = 76.

Pode ser observada a diferença dos recursos, relativamente aos usos de vozes discursivas, utilizados pelos autores nas duas subáreas escolhidas, Psicologia e Biologia. Enquanto na primeira são utilizadas obras-chave para afirmar o que vem sendo escrito, na segunda são utilizados os estudos mais recentes sobre determinado tema, visto que a maioria dos materiais encontrados é da última década (B1 = 12, B2 = 34, B3 = 69, B4 = 41, B5 = 50). Assim, a função-autor, como evidenciado por Foucault (2001), não é exercida de forma universal e nem constante em todos os discursos.

E como também reflete e refrata Bakhtin (2011 [1979]) no tocante à constituição dos sujeitos e da interação dialógica que realizam com o outro em diferentes esferas sociais da atividade humana, acrescentamos uma relação entre autor-autoria-leitor, quando tanto autor e leitor são sujeitos *sempre sendo*, sempre em processo, inacabados, assim com a linguagem: social, histórica, carregada de significados e sentidos.

LETRAMENTOS ACADÊMICOS

Nesse sentido, Bakhtin (2011 [1979]: 294) nos convoca a pensar: "Eis por que a experiência discursiva individual de qualquer pessoa se forma e se desenvolve em uma interação constante e contínua com os enunciados individuais dos outros [...]", como a interação que ocorre em práticas de leitura e produção escrita de textos na esfera acadêmica e científica. Nessas práticas, é necessário haver embasamento no discurso do outro para comprovar um já-experienciado, já-comprovado, um já-validado. Para o autor, "[...] nosso discurso, isto é, todos os nossos enunciados (inclusive das obras criadas) é pleno de palavras dos outros, de um grau vário de alteridade ou de assimilabilidade, de um grau de aperceptibilidade e de relevância [...]" (Bakhtin, 2011 [1979]: 295).

Em consequência, os artigos científicos, em análise no presente capítulo, em um dado cronotopo, indicam que a escolha dessa ou daquela palavra (citação) é que melhor explica e comprova o que se propõe em uma determinada área do conhecimento. Esse movimento se explica, porque, com base em Bakhtin (2011 [1979]: 295), "[...] essas palavras dos outros trazem consigo a sua expressão, o seu tom valorativo que assimilamos, elaboramos, e reacentuamos [...]". Ainda, também se justifica em função daquilo que nos propõe Geraldi (2013 [1991]) a respeito da análise que empreendemos com a linguagem: a usamos (ação), refletimos sobre e com ela (reflexão) e a usamos novamente (ação), porque passamos a nos constituir também pelas palavras do outro. Esse movimento ocorre no meio acadêmico e científico, porque validamos nossa experiência, aquilo que enunciamos, assentados nas palavras do outro na e pela relação dialógica prática com o outro (Bakhtin, 2011 [1979]).

Apesar de todos os artigos de cada área apresentarem, similarmente, o recurso da autocitação, seu uso é diverso mesmo na própria área de estudo. A fim de discutir essas particularidades nas áreas de conhecimento, para início de análise, esquematizamos em qual parte dos artigos havia maior ocorrência de trabalhos autocitados, como pode ser visto nas Tabelas 5 e 6.

Tabela 5 – Autocitações encontradas no *corpus* de Psicologia

Autocitação	P1	P2	P3	P4	P5
Resumo	0	0	0	0	0
Introdução	2	0	1	0	0
Metodologia	0	0	0	0	0
Discussão e resultados	14	3	16	38	40
Conclusão	0	0	0	0	0

É possível notar nos resultados demonstrados até então que nas *hard sciences*, como a Biologia, as obras utilizadas se resumem, em sua grande maioria, em artigos científicos da última década. Enquanto na área da Psicologia, considerada uma *soft science*, há uma ampla variedade de anos nas obras utilizadas e um leque de gêneros, desde sites até recursos audiovisuais, artigos científicos e autores clássicos que precedem sua obra e são referência em sua área de atuação ou abordagem. Apesar dos números mais significativos de gênero serem compostos por artigos científicos em ambas as áreas.

Nos artigos de Psicologia destacamos a presença frequente da autocitação dentro da discussão e seus resultados, área também mais extensa dentro de cada um dos trabalhos. Evidenciamos a baixa frequência de autocitação na introdução e sua ausência nas outras partes do trabalho. Na área de Biologia, o artigo B3 foi escrito por uma organização e, por isso, não teve o registro das autocitações. Assim sendo, os artigos de Biologia contam com o total de autocitações conforme segue: B1 - 7, B2 - 30, B4 - 21, B5 - 38.

Os resultados encontrados entram em consenso com os dados analisados na área de Psicologia, embora ainda seja possível notar a presença da autocitação no resumo e conclusão, assim como a presença de autocitação na introdução de todos os trabalhos selecionados da área.

LETRAMENTOS ACADÊMICOS

Tabela 6 – Autocitações encontradas no *corpus* de Biologia

Autocitação	B1	B2	B3	B4	B5
Resumo	5	0	XX	0	1
Introdução	2	3	XX	3	13
Metodologia	0	2	XX	5	0
Discussão e resultados	0	25	XX	12	24
Conclusão	0	0	XX	1	0

Nos artigos da área de Biologia foi possível notar a presença de grandes grupos de pesquisa e a organização de grupos comuns de autores em diversas obras que foram autocitadas. O que pode vir a evidenciar a importância dessas redes colaborativas de estudos e produções divulgarem seus estudos mais recentes através da autocitação e, assim, constituírem-se como autoridades no tema pesquisado. O número de pesquisadores que realizam produções em coautoria parece ser uma característica frequente em artigos do periódico *Nature*. Bem como parece ser constante diante dos modos de funcionamento da área, as *hard sciences*, sendo uma especificidade observada na análise dos artigos e que dialoga com os movimentos de internacionalização. Nesse sentido, percebemos o modo como as normas e relações de poder orientam a escrita científica nessa área. Barata (2010) diz que um dos principais fatores para a construção do conhecimento científico na *Nature* é o exponencial crescimento dos artigos escritos em coautoria, ainda mais comuns em áreas nas quais as cooperações e consórcios internacionais se fazem presentes.

Ainda, conforme a autora, as publicações realizadas na *Nature* ultrapassam o fator de impacto e o número de citações de cada artigo, a credibilidade encontra-se no âmbito social e profissional (Barata, 2010). Em consenso com o exposto anteriormente, Hyland (2003: 251) aponta que "[...] o uso de autocitação é uma das formas de maior importância que os autores utilizam para alcançar a credibilidade no meio científico [...]".

Sobre os resultados encontrados por seção dos artigos selecionados, o número maior de autocitações foi concentrado na discussão e seus resultados. Uma hipótese para a elevada ocorrência de autocitação em uma determinada parte do trabalho pode estar ligada às injunções da área do conhecimento onde autores estão inseridos (Hyland, 2011; Fischer et al., 2021) e buscam atingir credibilidade. Isso "[...] exige do pesquisador o envolvimento e a compreensão acerca de práticas de letramentos ditas dominantes [...] presentes e disseminadas em contextos socialmente institucionalizados [...]" (Fischer et al., 2021: 286), como ocorre no meio acadêmico-científico com a publicação de artigos, ensaios, dentre outros gêneros discursivos, em periódicos com alto fator de impacto.

Assim, tais exigências que constituem os contextos de práticas de letramentos acadêmicos e científicos, práticas essas institucionalizadas e atravessadas por "[...] relações de poder, como idioma, região, status dos autores, [área do conhecimento] e do tipo de pesquisa" (Fischer et al., 2021: 289; acréscimos nossos), sinalizam para legitimações no contexto científico, a saber, quem está autorizado a publicar ou não está autorizado a publicar os resultados de sua pesquisa em um determinado periódico. Além disso, "[a] busca pelo reconhecimento pode se dar por meio de parcerias entre os pesquisadores, grupos de pesquisa e instituições públicas e privadas, nacionais e internacionais, implicando na coautoria e no elevado número de pesquisadores nos artigos", conforme destacam Fischer et al. (2021: 289).

CONSIDERAÇÕES FINAIS

À guisa de conclusão, evidenciamos algumas similaridades entre as áreas do conhecimento pesquisadas, especialmente no que tange ao gênero discursivo mais utilizado nas referências das obras selecionadas, sendo o artigo científico, seguido por livros e capítulos de livros. O número total de autocitações encontradas nas diferentes áreas de conhecimento é distinto, visto que na área de Biologia há a formação de grupos maiores de autores, enquanto na Psicologia encontram-se apenas um ou dois autores na maioria dos trabalhos. Elenca-se a expressiva incidência de autocitações presentes, especialmente na seção de discussão e resultados em todas as áreas pesquisadas.

Assim, os resultados encontrados levam à reflexão das funções em torno da autocitação. Os artigos selecionados evidenciam produções colaborativas, ou seja, em muitos dos trabalhos autocitados as parcerias foram constantes. Tal fato pode estar ligado a uma iniciativa por parte dos autores, por manter públicos seus trabalhados e demonstrar a continuidade do fenômeno pesquisado ou até credibilidade e autoridade frente à temática estudada ou questões mais amplas como a internacionalização.

Nota

[1] Para Bakhtin, os gêneros do discurso são "[...] *tipos relativamente estáveis* de enunciados [...]" (2011 [1979]: 262, grifos do autor) orais ou escritos que se constituem e circulam em diferentes esferas sociais da atividade humana (familiar, escolar, acadêmica, midiática, científica, dentre outras) em um dado momento histórico, observando-se esses três importantes elementos: conteúdo temático, estilo e construção composicional. Trata-se de pensar o uso da linguagem na relação dialógica entre o eu e o outro em um dado cronotopo.

Referências

BAKHTIN, Mikhail Mikhailovitch. *Estética da criação verbal.* Trad. Paulo Bezerra. 6. ed. São Paulo: Martins Fontes, 2011 [1979].

_____. [VOLÓCHINOV, Valentim Nikolaevich]. *Marxismo e filosofia da linguagem:* problemas fundamentais do método sociológico na ciência da linguagem. Trad., notas e glossário Sheila Grillo e Ekaterina Vólkova Américo. São Paulo: Editora 34, 2017 [1929].

BAKHTIN, Mikhail Mikhailovitch. *Para uma filosofia do ato responsável.* Trad. Valdemir Miotello & Carlos Alberto Faraco. São Carlos: Pedro & João Editores, 2017.

BARATA, Germana Fernandes. *Nature e Science:* mudança na comunicação da ciência e a contribuição da ciência brasileira (1936-2009). São Paulo, 2010. 247 f. Tese (Doutorado em História) – Faculdade de Filosofia, Ciências e Letras, Universidade de São Paulo, 2010. Disponível em: https://www.teses.usp.br/teses/disponiveis/8/8138/tde-25112010-102319/publico/2010_GermanaFernandesBarata.pdf. Acesso em: 07 set. 2023.

BOCH, Françoise; GROSSMANN, Francis. Referir-se ao discurso do outro: alguns elementos de comparação entre especialistas e principiantes. *Scripta,* Belo Horizonte, v. 6, n. 11, p. 97-108, 2002. Disponível em: https://periodicos.pucminas.br/index.php/scripta/article/view/12452/9767. Acesso em: 07 set. 2023.

CAMPOS, Érico Bruno Viana. Abordando a pluralidade metodológica do campo psicológico. *Revista de Psicologia da Unesp,* v. 15, n. 2, p. 72-76, 2016. Disponível em: http://pepsic.bvsalud.org/pdf/revpsico/v15n2/v15n2a06.pdf. Acesso em: 07 set. 2023.

CLARIVATE ANALYTICS. *2018 Journal Citation Reports.* Journals in the 2018 release of JCR. 2018. Disponível em: https://clarivate.com/webofsciencegroup/wp-content/uploads/sites/2/2019/10/Crv_JCR_Full-Marketing-List_A4_2018_v4.pdf. Acesso em: 26 jun. 2021.

CURRY, Mary Jane. LILLIS, Theresa. Estratégias e táticas na produção do conhecimento acadêmico por pesquisadores multilíngues. In: FIAD, Raquel S. (org.). *Letramentos acadêmicos:* contextos, práticas e percepções. São Carlos: Pedro & João Editores, 2016, p. 11-64.

DIEGUEZ, Tiago Ruas. *A citação de artigos científicos de alto impacto no Direito:* configuração e funções da referência ao discurso alheio sob um ponto de vista enunciativo-discursivo. Belo Horizonte, 2023. 128 f. Dissertação (Mestrado em Linguística e Língua Portuguesa) – Programa de Pós-Graduação em Linguística e Língua Portuguesa, Pontifícia Universidade Católica de Minas Gerais, 2023. Disponível em: https://sucupira.capes.gov.br/sucupira/public/consultas/coleta/trabalhoConclusao/viewTrabalhoConclusao.jsf?popup=true&id_trabalho=12657440. Acesso em: 02 nov. 2023.

FERREIRA, Valméria Brito Almeida Vilela. *Orientações de periódicos médicos em torno da escrita do artigo científico:* prescrições e valores. Belo Horizonte, 2022. 211 f. Tese (Doutorado em Letras) – Programa de Pós-Graduação em Letras, Pontifícia Universidade Católica de Minas Gerais, 2022. Disponível em: https://sucupira.capes.gov.br/sucupira/public/consultas/coleta/trabalhoConclusao/viewTrabalhoConclusao.jsf?popup=true&id_trabalho=11606539. Acesso em: 02 nov. 2023.

FISCHER, Adriana. *A construção de letramentos na esfera acadêmica.* Florianópolis, 2007. 341p. Tese (Doutorado) – Centro de Comunicação e Expressão, Programa de Pós-Graduação em Linguística, Universidade Federal de Santa Catarina, 2007. Disponível em: https://repositorio.ufsc.br/xmlui/handle/123456789/89764. Acesso em: 03 nov. 2023.

_____. Hidden features and overt instruction in academic literacy practices: a case study in Engineering. In: LILLIS, Theresa et al. (Orgs.). *Working with academic literacies*: case studies towards transformative practice. Londres: Parlor Press, 2015, p. 75-85.

_____; FERREIRA, Klara Marcondes; SILVA, Rochele da. Escrita acadêmica em artigos científicos: autocitação em diferentes áreas disciplinares. *Revista on line de Política e Gestão Educacional,* v. 24, n. 3, p. 1257-1271, set./dez. 2020. Disponível em: https://doi.org/10.22633/rpge.v24i3.14160. Acesso em: 07 set. 2023.

_____; GRIMES, Camila; KOSLOSKI, Elis R.; VICENTINI, Mariana A. Padrões da autocitação em artigos de alto impacto da revista *Nature. Revista Ibero-Americana de Estudos em Educação,* Araraquara, v. 16, n. 1, p. 276-291, jan./mar. 2021. Disponível em: https://doi.org/10.21723/riaee.v16i1.14207. Acesso em: 07 set. 2023.

_____; HOCHSPRUNG, Vitor. Prática de escrita na universidade: a perspectiva dos letramentos acadêmicos sobre produções de estudantes de Letras. *Miguilim,* Revista Eletrônica do Netlli, v. 6, n. 3, p. 44-66, set.-dez. 2017. Disponível em: https://drive.google.com/drive/folders/19t3FL2V-VnLBDGgxXTzQTG_s4m_ZXFdH. Acesso em: 07 set. 2023.

FOUCAULT, Michel. O que é um autor? In: FOUCAULT, Michel. *Ditos e escritos III:* estética: literatura e pintura, música e cinema. Trad. Inês Barbosa. Rio de Janeiro: Forense, 2001, p. 264-298.

FUZA, Ângela F. A escrita acadêmica-científica como prática social: diálogos com os discursos oficiais. In: FIAD, Raquel S. (org.). *Letramentos acadêmicos:* contextos, práticas e percepções. São Carlos: Pedro & João Editores, 2016, p. 65-98.

GAZARIAN, Ana Paula. *Cultura disciplinar e autocitação:* publicação científica em periódicos de alto impacto nas subáreas de Linguística e Química. São José do Rio Preto. Dissertação (Mestrado em Estudos Linguísticos) – Programa de Pós-Graduação em Estudos Linguísticos, Instituto de Biociências, Letras e Ciências Exatas, Universidade Estadual de Paulista - campus São José do Rio Preto, 2023.

GERALDI, João Wanderley. *Portos de passagem.* 5. ed. São Paulo: Martins Fontes, 2013 [1991].

HYLAND, Ken. Self-Citation and Self-Reference: Credibility and Promotion in Academic Publication. *Journal of the American Society for Information Science and Technology,* v. 54, n. 3, p. 251-259, 2003. Disponível em: https://onlinelibrary.wiley.com/doi/10.1002/asi.10204. Acesso em: 07 set. 2023.

_____. Academic discourse. In: HYLAND, Ken; PALTRIDGE, Brian (Org.). *Continuum companion to discourse analysis.* London: Continuum, 2011. p. 171-184.

_____. English in the disciplines: arguments for specificity. *Journal of English for specific purposes at tertiary levels,* Hong Kong, v. 1, p. 5-23, 2017. Disponível em: http://doi.fil.bg.ac.rs/volume.php?pt=journals&issue=esptoday-2017-5-1&i=1. Acesso em: 07 set. 2023.

IOANNIDIS, John. P. A. A generalized view of self-citation: direct, co-author, collaborative, and coercive induced self-citation. *Journal of Psychosomatic Research,* n. 78, p. 7-11, 2015. Disponível em: https://linkinghub.elsevier.com/retrieve/pii/S0022399914003882. Acesso em: 07 set. 2023.

KALANTZIS, Mary; COPE, Bill; PINHEIRO, Petrilson. *Letramentos.* Trad. P. Pinheiro. Campinas: Editora da Unicamp, 2020.

LETRAMENTOS ACADÊMICOS

KOMESU, Fabiana Cristina; FISCHER, Adriana. O modelo de "letramentos acadêmicos": teoria e aplicações. *Filologia e Linguística Portuguesa,* v. 16, n. 2, p. 477-493, jul./dez. 2014. Disponível em: https://doi.org/10.11606/issn.2176-9419.v16i2p477-493. Acesso em: 03 nov. 2023.

LEA, Mary R.; STREET, Brian V. Student writing in higher education: an academic literacies approach. *Studies in higher education,* London, v. 23, n. 2, p. 157-170, jun. 1998. Disponível em: https://www.tandfonline.com/doi/abs/10.1080/03075079812331380364. Acesso em: 07 set. 2023.

_____; _____. The academic literacies model: theory and applications. *Theory into Practice,* v. 45, n. 4, p. 368-377, 2006. Disponível em: https://blogs.commons.georgetown.edu/aeh54/files/Lea-Street-20061.pdf. Acesso em: 07 set. 2023.

LILLIS, Theresa. Ethnography as method, methodology, and "deep theorizing": closing the gap between text and context in academic writing research. *Written Communication,* v. 25, p. 353-388, 2008. Disponível em: https://journals.sagepub.com/doi/10.1177/0741088308319229. Acesso em: 07 set. 2023.

OLIVEIRA, Adilson Ribeiro de. Do relato de experiência ao artigo científico: questões sobre gênero, representações e letramento na formação de professores a distância. *Scripta,* Belo Horizonte, v. 16, p. 307-320, 2012. Disponível em: https://periodicos.pucminas.br/index.php/scripta/article/view/4253/4406. Acesso em: 07 set. 2023.

OLIVEIRA, Eliane Feitoza. *Letramentos acadêmicos:* o gerenciamento de vozes em resenhas e artigos científicos produzidos por alunos universitários. Campinas, 2015. 466 p. Tese (Doutorado em Linguística Aplicada) – Programa de Pós-Graduação em Linguística Aplicada do Instituto de Estudos da Linguagem, Universidade Estadual de Campinas, 2015. Disponível em: https://repositorioslatinoamericanos.uchile.cl/handle/2250/1325842?show=full. Acesso em: 07 set. 2023.

OLIVEIRA, Nilton Marques de; STRAUSSBURG, Udo; PIFFER, Moacir, Técnicas de pesquisa qualitativa: uma abordagem conceitual. *Ciências Sociais Aplicadas em Revista,* Unioeste/MCR, v. 17, n. 32, p. 87-110, 2017. Disponível em: https://oasisbr.ibict.br/vufind/Record/UFT_f5a0fea2c001007896b60ea2562f6af4. Acesso em: 07 set. 2023.

REUTER, Yves. Analyser les problèmes de l'éscriture de recherche en formation. *Pratiques,* n. 121-122, p. 9-27, 2004. Disponível em: https://www.persee.fr/doc/prati_0338-2389_2004_num_121_1_2029. Acesso em: 07 set. 2023.

SILVA, Larissa Souza da. Autocitação em artigos científicos em ciências humanas e em ciências exatas. São José do Rio Preto. Dissertação (Mestrado em Estudos Linguísticos) – Programa de Pós-Graduação em Estudos Linguísticos – Instituto de Biociências, Letras e Ciências Exatas, Universidade Estadual de Paulista, 2023.

SILVEIRA, Ana Paula Kuczmynda da.; ROHLING, Nívea; RODRIGUES, Rosângela Hammes. *A análise dialógica dos gêneros do discurso e os estudos do letramento:* glossário para leitores iniciantes. Florianópolis: DIOESC, 2012.

STREET, Brian. What's new in new literacy studies: critical approaches to literacy in theory and practices. Current issues in comparative education. *Columbia University,* v. 5, n. 2, p. 77-91, 2003.

_____. Os novos estudos sobre o letramento: histórico e perspectivas. In: MARINHO, Marildes; CARVALHO, Gilcinei Teodoro (orgs.). *Cultura escrita e letramento.* Belo Horizonte: Editora UFMG, 2010.

Corpus

BROADBENT, Elizabeth, Interactions with robots: the truths we reveal about ourselves. *Annual Review of Psychology,* v. 68, p. 627-652, 2017. Disponível em: https://doi.org/10.1146/annurev-psych-010416-043958. Acesso em: 07 set. 2023.

BUSCH, Brigitta. Expanding the notion of the linguistic repertoire: on the concept of Spracherleben — The Lived Experience of Language. *Applied Linguistics,* v. 38, p. 340-358, 2017. Disponível em: https://doi.org/10.1093/applin/amv030. Acesso em: 07 set. 2023.

BYCROFT, Clare et al. The UK Biobank resource with deep phenotyping and genomic data. *Nature,* v. 562, p. 203-209, 2018. Disponível em: https://doi.org/10.1038/s41586-018-0579-z. Acesso em: 07 set. 2023.

CANAGARAJAH, Suresh. Translingual practice as spatial repertoires: expanding the paradigm beyond structuralist orientations. *Applied Linguistics,* v. 39, p. 31-54, 2018. Disponível em: https://doi.org/10.1093/applin/amx041. Acesso em: 07 set. 2023.

CROCKER, Jennifer; CANEVELLO, Amy; BROWN, Ashley A. Social motivation: costs and benefits of selfishness and otherishness. *Annual Review of Psychology,* v. 68, p. 299-325, 2017. Disponível em: https://doi.org/10.1146/annurev-psych-010416-044145. Acesso em: 07 set. 2023.

DE SWART, Peter; de HOOP, Helen. Shifting animacy. *Theoretical Linguistics,* v. 44, p. 1-23, 2018. Disponível em: https://doi.org/10.1515/tl-2018-0001. Acesso em: 07 set. 2023.

DURRANT, Philip. Lexical bundles and disciplinary variation in university students' writing: mapping the territories. *Applied Linguistics,* v. 38, p. 165-193, 2017. Disponível em: https://doi.org/10.1093/applin/amv011. Acesso em: 07 set. 2023.

GTEx Consortium. Genetic effects on gene expression across human tissues. *Nature,* v. 550, p. 204-213, 2017. Disponível em: https://doi.org/10.1038/nature24277. Acesso em: 07 set. 2023.

HINZEN, Wolfram. Reference across pathologies: a new linguistic lens on disorders of thought. *Theoretical Linguistics,* v. 43, p. 169-232, 2017. Disponível em: https://doi.org/10.1515/tl-2017-0013. Acesso em: 07 set. 2023.

KARCZEWSKI, Konrad J. The mutational constraint spectrum quantified from variation in 141,456 humans. *Nature,* v. 581, p. 434-443, 2020. Disponível em: https://doi.org/10.1038/s41586-020-2308-7. Acesso em: 07 set. 2023.

LEK, Monkol et al. Analysis of protein-coding genetic variation in 60,706 humans. *Nature,* v. 536, p. 285-291, 2016. Disponível em: https://doi.org/10.1038/nature19057. Acesso em: 07 set. 2023.

MAIER, Emar. Fictional names in psychologistic semantics. *Theoretical Linguistics,* v. 43, p. 1-45, 2017. Disponível em: https://doi.org/10.1515/tl-2017-0001. Acesso em: 07 set. 2023.

METCALFE, Janet, Learning from errors. *Annual Review of Psychology,* v. 68, p. 465-489, 2017. Disponível em: https://doi.org/10.1146/annurev-psych-010416-044022. Acesso em: 07 set. 2023.

SAITO, Kazuya; TROFIMOVICH, Pavel; ISAACS, Talia. Using listener judgments to investigate linguistic influences on L2 comprehensibility and accentedness: a validation and generalization study. *Applied Linguistics,* v. 38, p. 439-462, 2017. Disponível em: https://doi.org/10.1093/applin/amv047. Acesso em: 07 set. 2023.

SCHLENKER, Philippe. Visible meaning: sign language and the foundations of semantics. *Theoretical Linguistics,* v. 44, p. 123-208, 2018. Disponível em: https://doi.org/10.1515/tl-2018-0012. Acesso em: 07 set. 2023.

SEMINO, Elena; DEMJÉN, Zsófia; DEMMEN, Jane. An integrated approach to metaphor and framing in cognition, discourse, and practice, with an application to metaphors for cancer. *Applied Linguistics,* v.39, p. 625-645, 2016. Disponível em: https://doi.org/10.1093/applin/amw028. Acesso em: 07 set. 2023.

SHROUT, Patrick E.; RODGERS, Joseph L. Psychology, science and knowledge construction: broadening perspectives from the replication crisis. *Annual Review of Psychology,* v. 69, p. 487-510, 2018. Disponível em: https://doi.org/10.1146/annurev-psych-122216-011845. Acesso em: 07 set. 2023.

WEI, Li. Translanguaging as a practical theory of language. *Applied Linguistics,* v. 39, p. 9-30, 2017. Disponível em: https://doi.org/10.1093/applin/amx044. Acesso em: 07 set. 2023.

WOOD, Wendy; RÜNGER, Dennis, Psychology of habit. *Annual Review of Psychology,* v. 67, p. 289-314, 2016. Disponível em: https://doi.org/10.1146/annurev-psych-122414-033417. Acesso em: 07 set. 2023.

ZHOU, Peng et al. A pneumonia outbreak associated with a new coronavirus of probable bat origin, *Nature,* v. 579, p. 270-273, 2020. Disponível em: https://doi.org/10.1038/s41586-020-2012-7. Acesso em: 07 set. 2023.

Letramento do brinquedo: deficiência, diferença e inclusão

Danielle Almeida
José Maria Sarinho Júnior

Pesquisas e estudos que envolvem o código semiótico verbo-imagético (Jewitt, Bezemer e O'halloran, 2016; Kress e Van Leeuwen, 2021 [1996]), os brinquedos e suas potencialidades (Brougère, 2010; Almeida, 2017; 2018; 2020; 2021; 2023) e as questões voltadas para a deficiência, as diferenças e a inclusão (Skliar, 2003; 2006; 2012; Rodrigues, 2006; Medrado e Silva, 2012; Mantoan, 2015; Medrado, 2016; Dantas, 2019; Maia, 2020), dentre outros, trazem à discussão o fato de que a construção dos significados ocorre a partir de aspectos multissemióticos inter-relacionados, bem como que os textos, na atualidade, possuem uma reconfiguração tanto em relação à produção quanto ao consumo e sua disseminação.

Como consequência, essa perspectiva maximizada possibilita novos domínios não só de ordem linguística, mas também de cunho sociocultural, político, histórico e ideológico. Referimo-nos a novos objetos (os brinquedos artesanais inclusivos, por exemplo) que suscitam novos conhecimentos socialmente construídos, releituras e, consequentemente, novos modos de ver a deficiência, as diferenças e a inclusão sob um olhar crítico-reflexivo.

Nesse contexto, convém pontuar que a multimodalidade vem ratificar que os significados podem ser evidenciados a partir de modos e recursos semióticos distintos e diversos, uma vez que estamos imersos em práticas semióticas multifacetadas. Dessa forma, os construtos teóricos do letramento do brinquedo (Almeida, 2023), advindos da gramática do *design* visual (Kress e Van Leeuwen, 2021 [1996]), ressignificam a ideia trivial de que "os brinquedos foram, historicamente, concebidos como objetos para brincar" (Almeida, 2023: 720), simplesmente.

No intuito de evidenciar esses múltiplos vieses, objetivamos investigar como são construídos significados interativos e composicionais sobre a deficiência, a diferença e a inclusão em bonecos inclusivos. A fim de pormenorizar o objetivo geral, intencionamos: (1) aplicar a teoria do Letramento do Brinquedo (Almeida, 2023) nos bonecos artesanais inclusivos, sob a perspectiva da sua materialidade e tridimensionalidade; além de (2) identificar os aspectos sensoriais, afetivos e prescritivos advindos das escolhas realizadas em sua confecção.

Visando à discussão, nosso estudo encontra-se estruturado da seguinte maneira: fundamentação teórica, em que são apresentadas concepções em relação à deficiência, à diferença e à inclusão, aos construtos teóricos da semiótica social, da multimodalidade e do letramento do brinquedo e aspectos metodológicos; análise do *corpus*; além das considerações finais.

DEFICIÊNCIA, DIFERENÇA E INCLUSÃO: MÚLTIPLOS OLHARES

Fatos históricos vêm revelando que as diferenças têm sido alvo de múltiplas conotações e punições, quer seja em relação à propagação de novas ideias e pensamentos, quer seja em relação à construção de novos sujeitos sócio-históricos de uma nova realidade sociocultural. Dentre elas encontram-se incluídas as pessoas com deficiência, que ratificam, apenas, a natureza das diferenças entre os homens. Nesse aspecto, nosso olhar de pesquisadores está voltado à contestação de onisciência, principalmente em relação às questões sobre deficiência, diferença e inclusão, para assumirmos uma posição de descrédito acerca do pensamento simples, reducionista e falsamente universal das oposições binárias, por exemplo.

Skliar (2006: 31) pontua que "seria apropriado dizer [...] que as diferenças podem ser muito mais bem compreendidas como experiências de alteridade, um *estar sendo múltiplo, intraduzível e imprevisível* no mundo". Dessa forma, fica evidente que as crianças precisam estar envolvidas com e precisam vivenciar contextos que tragam à tona indivíduos em suas inúmeras formas de raças/etnias, de línguas diversas, de múltiplas habilidades e multigêneros, a partir da pluralidade de gêneros e de corporeidades que também existem. Ainda sob esse cenário, Medrado e Silva (2012: 15) vão tratar da "conscientização da heterogeneidade inevitável", não só na escola e na sala de aula, mas também em quaisquer espaços, o que potencializa o esforço de entendimento conjunto de que as soluções venham a beneficiar a todos com suas respectivas diferenças, preferências e necessidades distintas. Tais ideias vêm subverter a concepção de sociedade falsamente disciplinar, normalizadora e de confinamentos.

No tocante à deficiência a partir de um olhar pedagógico, Rodrigues (2006: 5) enfatiza que "não são só diferentes os alunos com uma condição de deficiência: muitos outros alunos sem condição de deficiência identificada não aprendem se não tiverem uma atenção particular ao seu processo de aprendizagem". Esse discurso corrobora, portanto, a concepção de que somos limitados por natureza, bem como enfatiza que todo e qualquer ser humano detém perfis e estilos distintos, que são maneiras próprias de perceber e sistematizar aspectos culturais, conhecimentos musicais, linguísticos, dentre tantos outros, aos quais são expostos desde o nascimento. Na verdade, é a própria sociedade que constrói obstáculos que dificultam o nosso desenvolvimento pleno e por excelência.

Nesse contexto, convém trazer à discussão duas ideias: a de inclusão social e a de integração. A primeira dialoga com o que Skliar (2003; 2006; 2012), Rodrigues (2006), Medrado e Silva (2012), Mantoan (2015), Medrado (2016), Dantas (2019) e Maia (2020) defendem, pois possui uma intenção macro e multifacetada de inter-relacionar atitudes de ordem política, sociocultural, ideológica, educacional, dentre outras, o que pode reverberar em mudanças urbanísticas e de acessibilidade, por exemplo. A integração, no entanto, é imediatista e acontece a curto prazo, sem preocupação com os impactos que determinadas atitudes podem ter.

Dessa forma, a inclusão pode possibilitar a formação de novas gerações ausentes de preconceitos e de barreiras, conforme Mantoan (2015) assegura, haja vista que as diferenças nos constituem em diversos contextos, âmbitos sociais e objetos: familiar, educacional, no uso da língua e das linguagens, e nos brinquedos que escolhemos para nossos filhos. Nessa conjuntura, a dimensão sociossimbólica e tridimensional dos brinquedos, sobretudo dos bonecos artesanais inclusivos, pode suscitar questionamentos acerca da forma como essas representações são manipuladas tanto na sua forma quanto em seu conteúdo para se constituírem mais que meros objetos lúdicos, transmitindo para o imaginário das crianças as mensagens culturais, ideológicas, socioculturais e históricas da sociedade.

Assim sendo, torna-se relevante pontuar que o brinquedo possibilite ao brincante múltiplos significados advindos das experiências comunicativas, simbólicas, sensoriais, afetivas e interativas, estimulando sensações multissensoriais a partir de seus aspectos multimodais, discursivos e situacionais.

Na próxima seção, serão fomentadas discussões acerca dos novos estudos linguísticos na contemporaneidade, sob a ótica da semiótica social e da multimodalidade.

SEMIÓTICA SOCIAL E MULTIMODALIDADE: MAXIMIZANDO AS IDEIAS SEMINAIS E RESSIGNIFICANDO OS ASPECTOS MATERIAIS E TRIDIMENSIONAIS DOS OBJETOS

Partindo da ideia basilar de que "nenhum código [...] pode ser estudado com sucesso ou totalmente compreendido isoladamente" (Hodge e Kress, 1988: vii), e de que a "Semiótica Social é uma forma de investigação" (Van Leeuwen, 2005; 1), torna-se válido pontuar que os significados são, dessa forma, construídos sob uma condição social, de forma verbal ou visualmente, amparados por práticas socioculturais, readequação de comportamentos, releituras de objetos, dentre outros aspectos. Nesse âmbito, relações de poder são postas à prova; conflitos são ressignificados; e situações preconceituosas e estereotipadas são reanalisadas. Por isso, também recorremos à Semiótica Social, neste trabalho, para marcar as interconexões entre texto, contexto, agentes sociais e construções culturais que são imprescindíveis em um estudo sociossemiótico como este.

Assim, as ideias seminais acerca da semiótica do início do século XX, propagadas por Saussure e por C. S. Peirce, por exemplo, foram maximizadas à proporção que múltiplas questões de ordem social foram colocadas em xeque, tais como em relação ao funcionamento da sociedade, à organização da humanidade, além da dinâmica social e dos processos que integram e impactam os mais diversos grupos humanos, os quais apresentam-se "conectados e interagindo de várias maneiras em contextos sociais concretos" (Hodge e Kress, 1988: 1).

Para tanto, a Semiótica Social (doravante, SS) tem ocupado um lugar privilegiado nas análises textuais ao tornar evidentes não apenas os processos sociocomunicativos, mas também a interconexão de modos e recursos semióticos distintos, haja vista que, de acordo com o seu aporte teórico, a multimodalidade é algo inerente a qualquer texto. Nesse aspecto, interessa à SS a inter-relação material dos inúmeros textos com os quais interagimos, prováveis significados construídos a partir desses vínculos co-construídos e como o público experienciador é impactado por essas interações.

Compartilhando das ideias de Jewitt, Bezemer e O'Halloran (2016), defendemos que esta pesquisa tem respaldo teórico tanto na SS quanto na multimodalidade, porque percebemos que a comunicação ocorre a partir de sistemas de significação fluidos, imprevisíveis e indeterminados, que sofrem mudanças tanto contextuais quanto sócio-históricas e culturais. Levando isso em consideração, convém fazer uma referência à gramática do *design* visual (doravante, GDV) (Kress, Van Leeuwen, 2021 [1996]), que estabelece uma análise gramatical sob um viés imagético, a partir das suas três metafunções, a saber: a (i) representacional, por meio da qual se defende que informações e conteúdos nos são divulgados por meio de representações; a (ii) interativa, em que ficam evidentes as relações de envolvimento ou de distanciamento que as imagens estabelecem com o interlocutor; e a (iii) composicional, que discorre acerca da disposição dos elementos imagéticos em uma dada composição. Para nosso estudo, portanto, recorremos ao sistema da tridimensionalidade, que constitui uma categoria analítica da nossa pesquisa.

Nesse universo, inserimos os bonecos artesanais inclusivos, com foco nos seus aspectos tridimensionais, haja vista que novos significados representacionais e interativos podem suscitar novas e diferentes concepções sobre a deficiência, as diferenças e a inclusão. Dessa forma, buscamos "prestar mais atenção à materialidade do signo visual" (Kress e Van Leeuwen, 2021: 225), bem como intencionamos compreender como se dá a "produção de significados visuais em três dimensões" (2021: 252).

Na seção seguinte, faremos menção ao letramento do brinquedo (Almeida, 2023), cujo construto teórico embasa este capítulo.

LETRAMENTO DO BRINQUEDO
E SUAS CONTRIBUIÇÕES PARA A LINGUÍSTICA

Da concepção de simples artefatos lúdicos que ocupam espaço nas prateleiras à ideia de que os brinquedos têm muito a nos dizer, tanto cultural quanto discursiva, ideológica, social e linguisticamente, esses "objetos multimodais [merecem não apenas] serem manipulados, [mas também necessitam serem] lidos e interpretados em todo o seu potencial de construção de significado" (Almeida, 2020: 2103).

Nessa conjuntura, os brinquedos ressignificam padrões socioculturais, bem como estabelecem releituras de estereótipos e suscitam, portanto, novas percepções acerca do mundo externo, passíveis de inúmeras interpretações. Isto é, os aspectos tridimensionais desses objetos lúdicos potencializam tais considerações, haja vista que a multimodalidade os constitui. Assim, torna-se inevitável pontuar que os brinquedos recriam contextos e estabelecem novas representações, sobretudo sobre a deficiência, a diferença e a inclusão, tal qual ocorre com os bonecos artesanais inclusivos.

Dessa forma, é verdade que a perspectiva teórica levantada pelo letramento do brinquedo (Almeida, 2020; 2021; 2023), em diálogo com a GDV (Kress e Van Leeuwen, 2021 [1996]), maximiza o subsistema de modalidade, bem como estabelece releituras e potencializa alguns conceitos, tais como: representacionalidade densa e apego tátil (Fleming, 1996); tecnocracia da sensualidade (Varney, 1999); *design* do brinquedo (Heljakka, 2013); e possibilidades do brinquedo (Brougère, 2010).

Segundo Almeida (2023), as escolhas verbo-imagéticas e composicionais presentes nos brinquedos não são aleatórias, pois estabelecem discussões sobre "alguns dos papéis fornecidos pelas mensagens multimodais dos brinquedos"[1] (2023: 720) e dizem muito sobre a infância que tem sido construída ao longo das décadas (Almeida, 2023). Para tanto, Almeida (2023) estabeleceu uma estrutura multimodal, denominada de letramento do brinquedo, capaz de estabelecer inter-relações entre os aspectos representacionais e interpessoais suscitados a partir da materialidade dos brinquedos.

No tocante às categorias do letramento do brinquedo (Almeida, 2023), convém considerar os seguintes aspectos: (i) o caráter humanizado, que advém da presença ou não de atributos antropomórficos; (ii) a configuração sensorial, que diz respeito à confluência de estímulos sensoriais; (iii) a dimensão afetiva, que está relacionada às escolhas semióticas em relação ao material usado; além do (iv) enfoque prescritivo, que se refere à constituição sociossemiótica e criativa que emana da interação e dos potenciais comunicacionais, circunstanciais e contextuais de determinado brinquedo. Para isso, com base no arcabouço teórico original, construído por Almeida (2023), apresentamos a Figura 1.

Figura 1 – Estrutura teórica original do letramento do brinquedo (Almeida, 2021)

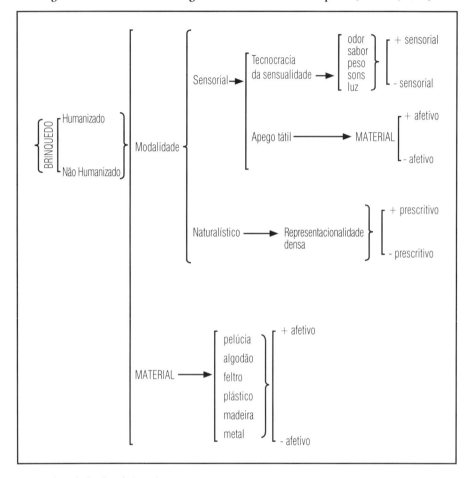

Fonte: Adaptada de Almeida (2023).

Conforme é observado, torna-se possível analisar qualquer brinquedo, levando-se em consideração tais categorias analíticas: humanizado ou não humanizado; (+ ou -) sensorial; (+ ou -) afetivo e/ou (+ ou -) prescritivo, o que também se aplica aos bonecos artesanais inclusivos, que constituem o *corpus* de nossa pesquisa.

Com vistas à exemplificação, tecemos análises de um boneco artesanal inclusivo, que faz referência à deficiência visual (Figura 2).

Figura 2 – Ilustração das categorias aplicadas ao objeto de pesquisa

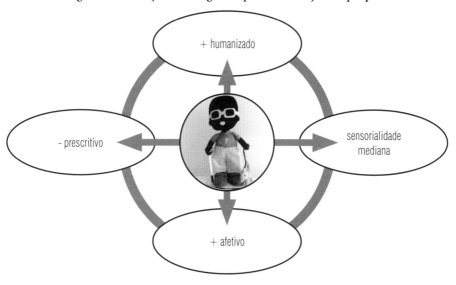

Fonte: Baseada no arcabouço teórico para análise multimodal dos brinquedos (Almeida, 2023).

A imagem exibe um garoto que apresenta deficiência visual, cuja bengala e cão-guia facilitam suas atividades rotineiras. Além disso, vale mencionar que os aspectos gestuais (ato de caminhar, por exemplo), as novas sensações olfativas (potencializadas pelo algodão) e as configurações táteis (proporcionadas pelo feltro) que emanam dos elementos constitutivos desses bonecos estabelecem releituras das significações simbólicas que tais traços de diferenças adquirem.

Sob o viés teórico do letramento do brinquedo (Almeida, 2023), identificamos o boneco com deficiência visual como mais humanizado, não só porque carrega consigo atributos que remetem a um ser antropomórfico, mas também porque suscita releituras sobre a deficiência e potencializa as suas características físicas como propagadoras de novos valores sociais, ideológicos e semióticos.

No que diz respeito à sensorialidade, o boneco com deficiência visual possui um nível mediano. Essa classificação se dá porque, dentre os sentidos responsáveis pela captação de informações do meio e do contexto, destacam-se três: o *olfato*, pois o algodão, o feltro e a linha demandam respostas emocionais e memórias afetivas, desencadeando respostas emotivas, como aceitar esse brinquedo; o *toque*, uma vez que a multiplicidade de sensações despertadas por esse objeto lúdico pode influenciar na forma como uma criança, por exemplo, pensa sobre a deficiência ou toma decisões no trato com as diferenças e com a inclusão; a *visão*, pois aprimorar a percepção do mundo, sobretudo o das pessoas com deficiência, revela múltiplos significados e potencializa os aspectos ideológicos e culturais sobre a formação do indivíduo social.

Em relação à afetividade, podemos perceber que o feltro, o algodão e o cordão, dentre outros materiais com os quais o brinquedo é construído, podem tanto maximizar a ideia do brinquedo como *texto*, sob uma perspectiva contextual, quanto despertar o senso de corresponsabilidade na construção daquilo que a sociedade espera que elas (as crianças, principalmente) sejam e que se reconheçam, culturalmente, como diferentes no contexto em que estão inseridas.

Consideramos o boncco com dcficiência visual sob uma condição menos prescritiva. Tal análise não apenas se dá devido à promoção e difusão de novos papéis dos atores sociais (crianças com deficiência), bem como serve de estímulo a releituras sobre o que vem a ser a brincadeira: ação e conteúdo multicultural, registro multissensorial e recriação permanente da realidade. Com esse boneco, percebe-se um desdobramento do que vem a ser a brincadeira.

Para tanto, a pesquisa que originou este capítulo é de caráter qualitativo, cujo respaldo advém tanto de análises de cunho descritivo quanto interpretativo, uma vez que se buscou interpretar e atribuir significados às discussões presentes neste estudo. No tocante ao *corpus*, esse é constituído por dois bonecos artesanais inclusivos (doravante BAI 1 e BAI 2), com vistas a destacar suas imagens multimodais.

A fim de se compreender as contribuições do letramento do brinquedo não apenas para a ressignificação do brinquedo como artefato constituído de aspectos sócio-históricos, culturais e ideológicos, mas também para o estabelecimento de significados multimodais sensoriais, afetivos e prescritivos inerentes a esses artefatos lúdicos, a análise do nosso *corpus* suscitou leituras crítico-reflexivas que estabelecem diálogos entre a semiótica social, a multimodalidade e o letramento do brinquedo.

SOBRE OS SENTIDOS DOS BONECOS ARTESANAIS INCLUSIVOS

Nosso olhar se volta para dois bonecos artesanais inclusivos a partir dos aspectos teóricos do letramento do brinquedo, a saber, (1) caráter humanizado/não humanizado; (2) níveis de modalidade sensorial; (3) afetivo; e (4) prescritivo.

Apresentaremos duas figuras de brinquedos inclusivos, BAI 1 e BAI 2, cujas características discutidas serão de ordem multimodal, intencionando compreender como as peculiaridades dos bonecos artesanais inclusivos se materializam e são lidas pelas crianças no tocante à produção e ressignificação de sentidos, sobretudo em relação à deficiência, à diferença e à inclusão.

Iniciamos apresentando uma imagem, presente na Figura 3, que exemplifica o BAI 1, cuja deficiência física requer o auxílio de cadeira de rodas.

Figura 3 – BAI 1 (Boneco com deficiência física e o auxílio de cadeira de rodas)

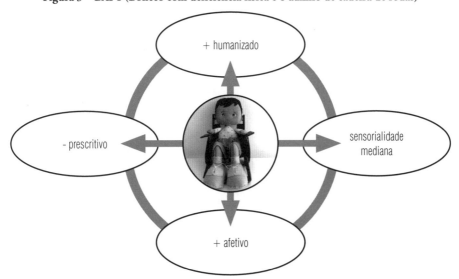

Fonte: Baseada no arcabouço teórico para análise multimodal dos brinquedos (Almeida, 2023).

Aplicando a teoria do letramento do brinquedo (Almeida, 2023), levamos em consideração que o boneco artesanal sob análise apresenta características mais humanizadas, a partir de um nível de modalidade sensorial mediana e mais afetivo, além de ser menos prescritivo.

Para classificá-lo como (+) humanizado, levamos em consideração que esse brinquedo, além de suas peculiaridades antropomórficas, que remetem a um ser humano de verdade, e das suas qualidades materiais, suscita a fantasia que pode acompanhar a criança em suas múltiplas experiências diárias, fazendo com que ela experimente o novo: crianças com deficiência são representadas por meio de brinquedos. Varney (1999), por exemplo, pontua que quanto mais atrativos os brinquedos, mais estabelecem releituras e ressignificações das possíveis relações entre participante representado (PR) e participante interativo (PI). Essas intensas trocas são permeadas de aspectos ideológicos, sociais, históricos e culturais (Almeida, 2020), o que demanda o desenvolvimento de habilidades emocionais, criativas, físicas, de resolução de problemas e, sobretudo, linguísticas.

Classificamos seu nível de modalidade sensorial mediano, porque torna-se perceptível que seus significados advindos da confluência de sentidos (olfato, tato, visão e paladar) possibilitam uma reinterpretação da deficiência, principalmente quando nos referimos às limitações impostas pelos espaços físicos, sejam eles de lazer, escolares ou laborais. Nesse sentido, conforme Almeida (2023) discorre, concordamos que tais peculiaridades multissensoriais do boneco inclusivo em análise trazem à tona "seu aspecto intercultural e a natureza promissora de revelar significados de brinquedos que permaneceram ocultos ao longo do tempo e das culturas" (Almeida, 2023: 730). No tocante ao tato, especificamente, consideramos que o papelão, material de que é feita a cadeira de rodas, por ser grosso e resistente devido ao seu uso para transporte de produtos, acabou diminuindo os aspectos sensoriais desse boneco com deficiência física. Isto é, tratamos de uma possibilidade das crianças se relacionarem com o mundo de maneira lúdica e divertida, cujas singularidades se mostram representadas nesse brinquedo.

LETRAMENTO DO BRINQUEDO

Em relação a esse boneco ser considerado (+) afetivo, convém pontuar que os materiais de que é feito o boneco artesanal inclusivo são suscetíveis de prazer e de afetividade, maximizados a partir de ideias atitudinais desempenhadas pelo brinquedo, bem como dos conceitos criados com base nas singularidades interativas motivadas por esse objeto lúdico. Nesse caso, o papelão de que é feita a cadeira de rodas não anula as qualidades que, certamente, a lã, o feltro, o algodão e a linha suscitam, reiterando um sentimento de pertencimento, de carinho, de retomada de memórias, o que valida uma forte orientação e referência de cunho sensorial e afetivo.

Em referência à classificação como (–) prescritivo, podemos afirmar que a sua versatilidade propicia brincadeiras exequíveis que extrapolam regulamentos e/ou determinação preestabelecida, consubstanciando as possibilidades do brincar como algo encantador e que não limita a criatividade da criança, haja vista que, cada vez que a criança for brincar com esse brinquedo, novos discursos e olhares vão ser criados, suscitando múltiplos significados e novas possibilidades de imaginar sem limites.

Nessa perspectiva, o BAI 1, a partir da "função expressiva [...] [desse] objeto" (Brougère, 2010: 15), não apenas pode estabelecer releituras capazes de impactar na percepção das nossas próprias diferenças que vão ao encontro das diferenças presentes nos outros (Medrado, 2016), mas também consegue atenuar o arcaico discurso da oposição binária entre exclusão e inclusão, potencializando os argumentos das diferenças, do respeito e da aceitação (Skliar, 2006), e, assim, restabelece a promoção da sensibilidade com vistas à convivência social plena (Medrado e Silva, 2012). Dessa forma, tratamos de acolhimento, bem como de percepção e "reflexão sobre as estruturas sociais relativas às representações culturais e de gênero presentes nos brinquedos", conforme Almeida (2023: 720) pontua.

Na sequência, estabelecemos um olhar para a Figura 4, cuja boneca (BAI 2) apresenta deficiência física que requer o auxílio de muletas para locomoção.

Figura 4 – BAI 2 (Boneco com deficiência física e o auxílio de muletas)

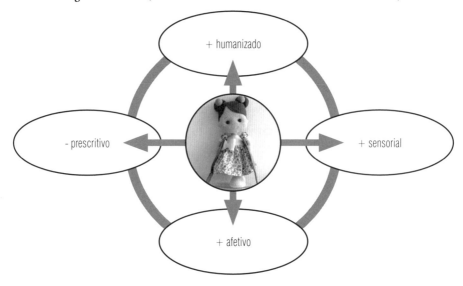

Fonte: Baseada no arcabouço teórico para análise multimodal dos brinquedos (Almeida, 2023).

Lançando mão da teoria do letramento do brinquedo (Almeida, 2023), julgamos que o boneco artesanal em análise apresenta características mais humanizadas, a partir de um nível de modalidade sensorial alto e mais afetivo, além de ser menos prescritivo.

Sua classificação como (+) humanizado decorre não só de suas configurações que remetem a um ser humano com deficiência, o qual se utiliza de muletas para locomoção, mas também da sua corporeidade e silhueta, o que sugere uma menina, cujos detalhes fazem referência a um vestido infantil, tendo um laço como adorno, estampa floral que remete ao estado de alegria e as presilhas, que servem de enfeite ao cabelo. Corroborando as ideias de Almeida (2023), a percepção dessa boneca como (+) humanizada se dá, sobretudo, pelas características humanas que ela traz consigo, o que nos permite traçar referências com uma garota jovem com deficiência.

No tocante à classificação como (+) sensorial, podemos concluir que a maciez suscita mais interatividade e ludicidade, além de remeter à ideia de autonomia da garota. Percebe-se, ainda, que os apelos olfativos, táteis, do paladar e do campo da visão reiteram a tese de que a "constituição material e a reação afetiva" (Almeida, 2023: 725) potencializam uma inter-relação sociodiscursiva multimodal. Visualmente, chamam a nossa atenção: o laço, que singulariza o vestido floral; as presilhas, que se destacam no cabelo castanho; a ausência de uma das pernas, o que demonstra a deficiência; além do uso das muletas, que maximiza a possibilidade de caminhar e de se locomover, principalmente.

Podemos classificá-la, também, como (+) afetiva, uma vez que levamos em consideração o material com que a boneca é confeccionada. O feltro, o algodão, o tecido e as cores utilizadas (apesar de termos omitido as cores para a referida publicação, manteremos as observações sobre o valor multimodal da presença original das cores dos brinquedos analisados) não apenas ressignificam a flexibilidade e a maciez, que são características tão relevantes para um brinquedo, mas também buscam potencializar os sentimentos de conforto, afeto e calma, reiterando um discurso de empoderamento das coletividades.

Vale pontuar, ainda, que essa boneca pode ser analisada sob o viés da prescrição. À medida que a consideramos como (-) prescritiva, queremos enfatizar, também, que sua forma de apresentação e seu *design*, a paleta de cores escolhidas e utilizadas para a comunicação visual, dentre outros aspectos, possibilitam às crianças criarem novos discursos e novas possibilidades de brincadeira, além de carregarem consigo importantes mensagens que necessitam ser discutidas (Almeida, 2018), sobretudo no tocante à deficiência, à diferença e às atitudes de inclusão na sociedade.

Nesse universo, o BAI 2, além de "evocar sentimentos de reafirmação, intimidade e segurança através de suas qualidades materiais"[2] (Almeida, 2023: 725), pode ser delineado como um objeto de exploração, de descoberta e de interseções entre novas linguagens, culturas e subjetividades. Assim, a inclusão precisa ser ressignificada como uma plena participação de todos, conforme Rodrigues (2006) enfatiza; a diferença necessita ser percebida como algo próximo, que carece de compreensão e de vivência dessa alteridade (Skliar, 2003); e a deficiência, que precisa ser difundida e respeitada como um conjunto de "características específicas" que envolvem "demandas cognitivas, comportamentais, funcionais e emocionais de cada sujeito" (Maia, 2020: 141); isso, portanto, nos singulariza.

CONSIDERAÇÕES FINAIS

Neste capítulo, intencionamos, em primeiro plano, trazer à discussão como a interação multimodal tem possibilitado investigar múltiplos exemplos de construtos textuais, a partir de seus significados advindos do toque, da percepção visual, do olfato e do paladar. Em segunda instância, vale pontuar que a escolha por determinados materiais, quando da produção dos brinquedos, pode reverberar aspectos interativo-composicionais singulares, sobretudo em relação aos bonecos artesanais inclusivos, *corpus* de nossa pesquisa. Para isso, o referencial teórico do letramento do brinquedo (Almeida, 2023) possibilitou enxergar as características sensoriais e afetivas, por exemplo, que podem vir do texto, e, consequentemente, do brinquedo. E isso nos afeta e nos envolve social, histórica, cultural e ideologicamente.

Nesse contexto, tratar da deficiência, da diferença e da inclusão, representadas nos bonecos inclusivos, possibilita resgatar um amplo campo de significados potenciais e de valores socioculturais: aceitação, afeto, carinho, empatia, gentileza, dentre tantos outros, o que comprova que o feltro, a linha, o algodão e o cordão podem seduzir, bem como podem despertar muitas qualidades e múltiplos sentimentos a partir de suas composições materiais. Dessa forma, pudemos perceber que tais materiais extrapolam a percepção meramente de matéria-prima, para adquirirem o *status* de linguagem, semiose.

Sendo assim, vale ressaltar que nosso estudo possibilitou entender não só o "potencial semiótico interativo"[3] (Kress e Van Leeuwen, 2001: 109) dos brinquedos como textos, seus impactos e efeitos sobre a sociedade e, inevitavelmente, sobre cada indivíduo, na atualidade, mas também fez perceber que tratar da deficiência, das diferenças e da inclusão pode construir uma recontextualização das práticas socioculturais, históricas e ideológicas acerca dessa temática.

Notas

[1] No original: "some of the roles provided by toys' multimodal messages" (Almeida, 2023: 720).
[2] No original: "evoking feelings of reassurance, intimacy and security through their material qualities" (Almeida, 2023: 725).
[3] No original: "interactive semiotic potential" (Kress; Van Leeuwen, 2001: 109).

Referências

ALMEIDA, D. B. L. On diversity, representation and inclusion: New perspectives on the discourse of toy campaigns. *Linguagem em (Dis)curso* - LemD, Tubarão, SC, v. 17, n. 2, p. 257-270, 2017.

_____. "It can cry, it can speak, it can pee": modality values and playing affordances in contemporary baby dolls' discourse. *Ilha do Desterro*, Florianópolis, v. 71, n. 3, p. 143-160, dez. 2018. https://doi.org/10.5007/2175-8026.2018v71n3p143. Disponível em: https://www.scielo.br/j/ides/a/sWF9QsFpV7b5RcRYD3S-rFMF/?format=pdf&lang=en Acesso em: 01 out. 2023.

_____. Toys as texts: towards a multimodal framework to toys' semiotics. *Trabalhos em Linguística Aplicada*, Campinas, v. 59, n. 3, p. 2102-2122, 2020. Disponível em: https://periodicos.sbu.unicamp.br/ojs/index.php/tla/article/view/8657437. Acesso em: 01 out. 2023.

_____. *RedLEM - Red Latinoamerica de Estudios sobre Multimodalidad*. Letramento do brinquedo como ferramenta para uma investigação multimodal. *YouTube*, 28 maio 2021. Disponível em: https://www.youtube.com/watch?v=azvOp0ElgaQ. Acesso em: 25 out. 2021.

_____. The multimodality of children's artefacts: towards a toy literacy. *Calidoscópio*, [S. l.], v. 20, n. 3, p. 719-734, 2023. DOI: 10.4013/cld.2022.203.08. Disponível em: https://revistas.unisinos.br/index.php/calidoscopio/article/view/24451. Acesso em: 20 jul. 2023.

BROUGÈRE, G. *Brinquedo e cultura*. Trad. Gisela Wajskop. São Paulo: Cortez, 2010.

DANTAS, R. *As metamorfoses da formação*: experiência com alunos com deficiência e desenvolvimento profissional ético. João Pessoa, 2019. Tese (Doutorado em Linguística) – Universidade Federal da Paraíba, 2019. Disponível em: https://sig-arq.ufpb.br/arquivos/20192010739f11129601606ec9c04d702/Tese_Dantas_2019.pdf Acesso em: 02 ago. 2022.

FLEMING, Dan. *Powerplay*: toys as popular culture. Manchester: Manchester University Press, 1996.

HELJAKKA, Katriina. *Principles of adult play(fulness) in contemporary toy cultures*: from wow to flow to glow. Helsinki: Aalto University – School of Arts, Design and Architecture, 2013.

HODGE, R.; KRESS, G. *Social semiotics*. Cambridge: Polity Press, 1988.

JEWITT, C.; BEZEMER, J.; O'HALLORAN, K. *Introducing multimodality*. New York: Routledge, 2016.

KRESS, G. *Multimodality:* a social semiotic approach to contemporary communication. London: Routledge, 2010.

KRESS, G.; VAN LEEUWEN, T. *Multimodal discourse:* the modes and media of contemporary communication. London/New York: Arnold, 2001.

_____. *Reading images:* the grammar of visual design. London/New York: Routledge, 2021 [1996].

MAIA, A. A. de M. Ensino de língua inglesa, multimodalidade e inclusão de alunos com síndrome de *down*. In: MAIA, A. A. de M.; MEDRADO, B. P. (org.). *Síndrome de down:* vozes e dimensões da inclusão escolar. Campinas: Pontes, 2020, p. 137-162.

MANTOAN, M. T. E. *Inclusão escolar* – O que é? Por quê? Como fazer? São Paulo: Summus, 2015.

MEDRADO, B. P. Formando professores para incluir: contribuições da linguística aplicada. In: JORDÃO, C. M. (org.). *A linguística aplicada no Brasil*: rumos e passagens. Campinas: Pontes, 2016, p. 263-284.

MEDRADO, B. P.; SILVA, R. D. "Ela sempre tava do nosso lado": percepções da inclusão por alunos deficientes visuais em aulas de língua inglesa. *Línguas & Letras*, [S. l.], v. 13, n. 24, p. 13-34, 2012. DOI: 10.5935/rl&l.v13i24.6632. Disponível em: https://e-revista.unioeste.br/index.php/linguaseletras/article/view/6632. Acesso em: 21 out. 2022.

RODRIGUES, D. Dez ideias (mal) feitas sobre a educação inclusiva. In: RODRIGUES, D. (org.) *Inclusão e educação:* doze olhares sobre a educação inclusiva. São Paulo: Summus, 2006.

SARINHO JÚNIOR, J. M. de A. *Multimodalidade e letramento do brinquedo:* um olhar para os bonecos artesanais inclusivos e narrativas infantis em relação à deficiência, à diferença e à inclusão. João Pessoa, 2023. Tese (Doutorado em Linguística) – Universidade Federal da Paraíba, 2023. Disponível em: https://repositorio.ufpb.br/jspui/handle/123456789/26861. Acesso em: 08 set. 2023.

SKLIAR, C. A educação e a pergunta pelos outros: diferença, alteridade, diversidade e os outros "outros". *Ponto de Vista,* Florianópolis, n. 5, p. 37-49, 2003.

_____. A inclusão que é "nossa" e a diferença que é do "outro". In: RODRIGUES, D. (org.). *Inclusão e educação:* doze olhares sobre a educação inclusiva. São Paulo: Summus, 2006, p. 15-34.

_____. Provocações para pensar em uma educação outra: conversa com Carlos Skliar. *Revista Teias*, v. 13, n. 30, p. 311-325, 2012.

VAN LEEUWEN, T. *Introducing social semiotics.* New York: Routledge, 2005.

VARNEY, W. Toys, play and participation. In: MARTIN, B. (ed.). *Technology and public participation.* Wollongong, Australia: Science and Technology Studies, University of Wollongong, 1999, p. 15-36.

Letramento digital:
definições impermanentes

Ana Elisa Ribeiro

Neste capítulo, o ponto de partida para pensar sobre "letramento digital" é temporal. No Brasil, parece incontornável passar pelos anos 1990 para tratarmos da relação que estabelecemos com os computadores pessoais e, na sequência, com a rede mundial que tornou esses dispositivos intercomunicados de maneira inteligível para leigos: a *world wide web*. Relação essa que, três décadas depois, se mantém tensa e desigualmente distribuída, muito embora seus contornos sejam muito diferentes daquela época em que pouca gente tinha acesso a um computador pessoal (PC), a internet era discada e funcionava ainda mais precariamente do que hoje.

Também é fundamental tratar da chegada dos computadores entre nossas práticas sociais, lançando mão de uma contextualização de caráter político e econômico. Embora os computadores já existissem no planeta desde pelo menos a Segunda Guerra Mundial, foi nos anos 1990 que eles se "popularizaram" por aqui, isto é, chegaram a espaços sociais muito menos especializados do que salas de comando militar e laboratórios científicos. No Brasil, a abertura mais ampla para a chegada das máquinas (PCs e, mais tarde, computadores portáteis), da internet e mesmo da telefonia móvel tem relação, como em todo lugar do mundo, com decisões políticas bastante relacionadas ao neoliberalismo e à noção de globalização, temas que nunca mais deixaram nossas vidas. Como apontam muitos textos que abordam a história das tecnologias digitais da informação e da comunicação (TDIC), os computadores e a internet, quando deixaram de ser segredo militar e se tornaram razoavelmente portáteis, passaram então às universidades, e daí transbordaram para outros espaços sociais, tornando-se itens intrinsecamente relacionados à nossa comunicação diária. Essa mudança, no entanto, não é neutra e nem aconteceu sem tensões. Claramente, os efeitos da chegada dessas tecnologias às nossas vidas sociais têm nos intrigado desde sempre e são, cada vez mais, objeto de discussão, análise e reflexão, ao menos nos círculos acadêmicos, em diversas áreas do conhecimento.

Do ponto de vista da área de Letras e Linguística, os computadores e a internet são vistos como tecnologias que se relacionam à comunicação, à linguagem, ao ensino/aprendizagem, à leitura, à escrita e a práticas de letramento cada vez mais complexas. Acompanhamos muito de perto, especialmente na Linguística Aplicada, as questões ligadas aos usos da língua oral e escrita em ambiente digital, interessamo-nos sempre pelos efeitos das TDIC na leitura, na produção textual, no surgimento de novas práticas de comunicação, na emergência de gêneros textuais e nas questões de ensino e aprendizagem na educação básica. Muitos discursos sobre TDIC, linguagem e educação estão em disputa, ora dando ênfase a pioras e perigos, ora mirando um futuro inteligente e promissor, mas não apenas isso. Essa visão polarizada não ocupa sozinha o espaço do debate. Sempre houve, entre os teóricos e analistas, inclusive no Brasil, quem buscasse ponderar sobre usos e práticas benéficos, sem perder de vista os riscos oferecidos por tecnologias que ainda não são completamente compreendidas.

Não é simples fazer um panorama das questões que envolveram práticas sociais de leitura e escrita, por exemplo, na relação com as tecnologias, desde os anos 1990 ou pouco antes. Para tornar a tarefa exequível, podemos mencionar documentos oficiais que dão uma ideia de como as TDIC se tornaram um elemento presente em todas as orientações que dizem respeito à educação formal no Brasil. Ao menos desde a Constituição de 1988 e, depois, a Lei de Diretrizes e Bases da Educação (1996), a questão tecnológica tem sido considerada incontornável e, mais que isso, um item das obrigações do Estado para com a formação de cidadãos plenos.[1] Subsequentemente, já na virada dos anos 2000, as Diretrizes Curriculares Nacionais mencionam a importância das TDIC na formação de professores, por exemplo. Nesse ponto, é possível afirmar que tais tecnologias, que são, afinal, um rol complexo e mutante de dispositivos e conexões, passam a fazer parte do cenário escolar, mas principalmente dos usos sociais, de maneira a provocar intensos debates sobre como integrá-las verdadeiramente à educação, como formar leitores críticos, como evitar as ameaças que elas também trazem e como torná-las úteis e parceiras na escola. Essa discussão jamais arrefeceu. O documento oficial mais recente, a Base Nacional Comum Curricular (2018), continua apontando as TDIC como elemento fundamental das práticas de leitura e escrita ou, melhor dizendo, faz isso com ainda mais vigor e contundência do que outros. De outro lado, um relatório recente da Unesco (2023) questiona e recua nos usos das TDIC, em alguma medida, e influencia recentíssimas decisões de governos brasileiros (em esferas municipais e estaduais) que optam, por exemplo, pela proibição dos celulares nas escolas.

LETRAMENTO E TDIC

No âmbito das discussões sobre a educação, as TDIC tornaram-se tema central, embora eivado de preconceitos e impasses. Pode-se dizer que, no Brasil, o elemento tecnológico digital interferiu fortemente na discussão já posta, até ali, sobre letramento e alfabetização, que ganhava corpo desde pelo menos os anos 1980. Em obras como *No mundo da escrita*, da professora Mary Kato, considerada por muitos a primeira a mencionar o termo *letramento* (traduzido do inglês *literacy*), a discussão sobre TDIC ainda não aparece. O direcionamento recai sobre questões de leitura e escrita num ambiente de tecnologias anteriores e mais convencionais, com foco na letra, no impresso e em práticas sociais analógicas. Embora outras obras e autoras (bom dizer que, neste campo, as mulheres têm enorme protagonismo) possam ser mencionadas como uma espécie de precursoras das questões que vinculam os letramentos às tecnologias no Brasil, vamos tomar aqui um texto de 2002 da professora Magda Soares como objeto de breve análise, considerando-o um documento de alta relevância para a discussão (e mesmo a proposição de uma noção) do "letramento na cibercultura".

Já data de mais de vinte anos o artigo intitulado "Novas práticas de leitura e escrita: letramento na cibercultura", publicado na revista *Educação & Sociedade*, da Universidade Estadual de Campinas. A essa altura, Magda Soares era uma das mais importantes pensadoras dos letramentos, com livros publicados sobre o tema e alta penetração na formação de professores na área de linguagem e educação. A pesquisadora dedicou sua vida aos estudos relacionados à alfabetização e ao letramento, tendo sido uma das maiores influências da formação de professores na virada do milênio, juntamente com colegas como Angela Kleiman e Leda Tfouni, entre outras. O artigo de Soares, publicado em uma prestigiosa revista de uma das mais influentes universidades brasileiras, é um dos mais citados, até hoje, quando o assunto é "letramento na cibercultura".[2] Certamente, o fato de ser um texto de acesso aberto facilita sua chegada a muitos leitores, ajudando na disseminação de uma questão que se tornaria cada vez mais importante tanto na área de educação quanto nos estudos linguísticos.

O breve texto de 2002 (são 18 páginas) já começa avisando que fará "um movimento de certa forma contrário ao mais frequente, que é o de ampliar a compreensão do presente interrogando o passado que o gerou, tenta-se, neste texto, essa mesma compreensão do presente interrogando o futuro que nele está sendo gerado (Soares, 2002: 144)".

Magda Soares aponta, então, para o futuro, abordando diretamente questões de leitura e escrita ligadas às tecnologias, produzindo uma espécie de contraponto entre tecnologias que chama de tipográficas às eletrônicas. Na verdade, teria sido mais apropriado dizer impressas (não necessariamente tipográficas) e digitais (mais específico do que eletrônicas). Essas imprecisões são parte das oscilações absolutamente contextualizadas, num momento em que quase nada era inteligível em termos de mudanças e apropriações das TDIC. O que mais nos importa aqui é que Soares buscava, já àquela altura, "perseguir uma mais ampla compreensão de letramento, buscando um novo sentido que essa palavra e fenômeno [...] já vêm adquirindo" (2002: 144). Até ali, e segundo ela, a "cultura do papel", ainda por compreender, já era afetada pelo surgimento "de uma cibercultura", termo que ela tomava a Pierre Lévy, um dos mais lidos filósofos das virtualidades e da cibercultura à época, com livros traduzidos ao português desde os primeiros anos de 1990.

O artigo de Soares faz um esforço de retomada de definições de letramento então em debate ("ação de letrar"), mas reconhece aquele momento, a virada do milênio e a chegada das TDIC, como uma "oportunidade extremamente favorável" (2002: 146) de refinar, precisar e esclarecer o "letramento", justamente porque nos chegavam "novas e incipientes modalidades de práticas sociais de leitura e de escrita, propiciadas pelas recentes tecnologias de comunicação eletrônica – o computador, a rede (a web), a internet" (Soares, 2002: 146). A perspicácia da pesquisadora reside justamente em perceber a mudança como "momento privilegiado" para uma nova análise de práticas de leitura e escrita incipientes, até ali, mas que poderiam ajudar a "captar o estado ou condição que [tais práticas] estão instituindo" (2002: 146). Já se reconhecia, com enorme curiosidade, que o "estado ou condição" de letrado na cibercultura seria "diferente daquele a que conduzem as práticas de leitura e de escrita quirográficas e tipográficas, o letramento na cultura do papel" (2002: 146). Mas que estado seria esse? Precisamente, que diferenças? Em que esses letramentos se transformariam? Ou em que letrados nos transformaríamos, diante de novas possibilidades comunicacionais? Era o que se buscava responder (e se buscou intensamente em milhares de trabalhos), embora as respostas não sejam conclusivas até hoje.

Havia uma definição da qual se partir, vejamos: "Considerando que letramento designa o estado ou condição em que vivem e interagem indivíduos ou grupos sociais letrados, pode-se supor que as tecnologias de escrita, instrumentos das práticas sociais de leitura e de escrita, desempenham um papel de organização e reorganização desse estado ou condição (Soares, 2002: 148)".

Admitia-se que as então novas tecnologias que permitiam ler e escrever estivessem reorganizando o estado e a condição de letramento das pessoas, e procurava-se, justamente, observar e identificar as diferenças entre tecnologias (papel e digital), a fim de "inferir as mudanças que provavelmente estão ocorrendo, ou virão a ocorrer, na natureza do letramento – do estado ou condição de 'letrado', e assim compreender melhor o próprio conceito de letramento" (Soares, 2002: 148). Partia-se, então, da observação das práticas sociais para, aí, revisar uma noção já bastante conhecida e corrente então, a de "letramento", posta em xeque por tecnologias que ganhavam cada vez mais espaço em nossa sociedade.

Nota-se, no artigo de Soares, uma proposição de análise a partir de movimentos de comparação, contraponto ou confrontação, gesto discursivo que ela faz e que termina por estabelecer um ponto de vista (e mesmo uma epistemologia, afinal). *Confronto* e *assemelhadas* são palavras que a autora emprega ao se referir aos objetivos de seu texto, enquadrando as questões de letramento e TDIC com base em uma visão da diferença radical, muito produtiva na época, mas que hoje se pode considerar esgotada. Dizemos isso porque as tecnologias de leitura e escrita (analógicas e digitais) se mesclaram a tal ponto que parece excessivamente artificial posicioná-las necessariamente em polos opostos e distintas, quando, na verdade, interpolaram-se e até fundiram-se nas interações sociais como formas não exatamente alternativas, mas sim alternantes, intermitentes, sempre que oportunas e convenientes.

Soares, em seu texto de 2002, exclui a abordagem de práticas de comunicação como os chats, o e-mail, as listas de discussão e os fóruns, por exemplo, já bastante conhecidos à época, preferindo concentrar-se em questões de leitura e escrita mais gerais, tais como o que chama de "espaços de escrita" (a tela, no caso, contraposta ao papel) e os "mecanismos de produção, reprodução e difusão da escrita" (2002: 149). Nesse sentido, ela exclui do escopo de seu texto, por razões compreensíveis ali, justamente práticas de comunicação digital longevas, presentes ainda hoje em nosso menu de possibilidades, incluindo-se uma das mais produtivas e capilarizadas, qual seja, o chamado chat, que podemos dizer que deu origem ao que fazemos, a todo momento, em aplicativos tão populares quanto o WhatsApp hoje. É impressionante como esse recurso foi aprendido e apropriado por todas as camadas da população ao longo dos anos.

A questão dos "espaços de escrita" a que Magda Soares adere são reflexões lidas em David Bolter, em seu *Writing space*, livro de 1991, não traduzido no Brasil, mas fartamente citado por autores como Luiz Antônio Marcuschi,[3] um dos linguistas mais influentes da época, em especial porque tratou dos textos e gêneros que emergiam no contexto das tecnologias digitais. Além dele, Pierre Lévy, já mencionado, dominava o debate com suas definições de "cibercultura" e "hipertexto", aí sim com obras traduzidas ao português, além de Roger Chartier, com sua história da leitura, da escrita e dos livros, introduzindo também questões do texto eletrônico e das TDIC e sua influência nas práticas da leitura, desde a história cultural. No texto de Soares (2002), todos esses autores estrangeiros aparecem em uma urdidura que ajuda a repensar a noção de letramento e a construir uma argumentação para uma noção pluralizada e mais dinâmica de letramentos e mesmo de letramento digital.

LETRAMENTO DIGITAL

A assunção de que as tecnologias digitais propiciavam e provocavam mudanças não desprezíveis nos modos de ler e escrever deu oportunidade para mais debates. Magda Soares, tendo justamente assumido essa mudança em curso, admitia as telas como novos "espaços de escrita", novos modos de interação entre escritores e leitores, assim como entre leitores, escritores e textos e, mais amplamente, até mesmo entre a humanidade e o conhecimento (sua produção, sua circulação). Àquela altura, já vinham sendo produzidos, inclusive no Brasil, estudos científicos que buscavam identificar, descrever e discutir possíveis mudanças cognitivas trazidas por essas novas tecnologias, ou melhor, pelas práticas sociais de letramentos influenciadas ou alteradas pelas TDIC. Desconfiava-se de que haveria consequências cognitivas, sociais e discursivas ainda desconhecidas, mas esperadas, diante de tantas possibilidades e usos novos. É nesse ponto que Magda Soares aponta para um possível "letramento digital", cunhando exatamente essa expressão, que afinal se consolidou nos estudos amplos dos letramentos, de lá para cá, não sem novas proposições e disputas. O "letramento digital" seria "um certo estado ou condição que adquirem os que se apropriam da nova tecnologia digital e exercem práticas de leitura e de escrita na tela, diferente do estado ou condição – do letramento – dos que exercem práticas de leitura e de escrita no papel" (Soares, 2002: 151). Estava proposta, então, uma definição, que foi lida e empregada incontáveis vezes a partir desse texto, dando ensejo a muitos trabalhos que operaram com essa noção. Curiosamente, tratava-se ainda de uma oposição ou um contraponto entre práticas da tela e práticas do papel, uma mirada que foi bastante lida em sentido competitivo ou excludente, algo que não se confirmou, com o passar dos anos, em especial nas práticas sociais com TDIC na comunicação. Na atualidade, uma visão mais sistêmica e dinâmica explica melhor nossas práticas de leitura e escrita, num mundo em que impresso e digital funcionam de maneira ecológica, mesclada e retroalimentada, especialmente, por exemplo, no âmbito editorial e dos livros.

Magda Soares reconhecia, no artigo ao qual nos dedicamos aqui, uma mudança social e tecnológica que deveria produzir uma "mudança no conceito de letramento" (2002: 154), num claro gesto de repensar questões importantes para os estudos de linguagem, e também para a educação. A autora admita certa recursividade importante na história dos textos. Dizia ela:

> Em certos aspectos essenciais, esta nova cultura do texto eletrônico traz de volta características da cultura do texto manuscrito: como o texto manuscrito, e ao contrário do texto impresso, também o texto eletrônico não é estável, não é monumental e é pouco controlado. Não é estável

LETRAMENTO DIGITAL

porque, tal como os copistas e os leitores frequentemente interferiam no texto, também os leitores de hipertextos podem interferir neles, acrescentar, alterar, definir seus próprios caminhos de leitura; não é monumental porque, como consequência de sua não estabilidade, o texto eletrônico é fugaz, impermanente e mutável; é pouco controlado porque é grande a liberdade de produção de textos na tela e é quase totalmente ausente o controle da qualidade e conveniência do que é produzido e difundido. (Soares, 2002: 154)

Naquele momento, um dos temas mais discutidos foi o do hipertexto, configuração textual debatida por linguistas e outros pesquisadores, quase sempre em perspectiva comparada com manuscritos e impressos, numa tentativa de compreender o que se passava, pela via do já conhecido. Uma revisão desses debates, hoje, mostra, por exemplo, uma ideia de estabilidade textual que sequer os impressos têm, além de uma percepção de liberdade que parecia desintermediada, mas que, hoje, sabemos ser apenas uma ilusão, pois nada escapa à intermediação nas TDIC.

Finalmente, Soares explicita seu desejo de admitir a pluralidade dos conceitos de letramento, a fim de melhor descrever a variedade de perspectivas que as TDIC traziam para uma discussão já muito relevante na virada do milênio. A autora propõe, certamente com base em suas leituras, que "letramentos" passe a figurar como uma palavra no plural, admitindo que "diferentes tecnologias de escrita criam diferentes letramentos" (2002: 156), algo que já vinha sendo proposto internacionalmente e ecoava, portanto, no Brasil. "Letramentos" era então um termo, segundo Soares, usado para "para designar diferentes efeitos cognitivos, culturais e sociais em função ora dos contextos de interação com a palavra escrita, ora em função de variadas e múltiplas formas de interação com o mundo – não só a palavra escrita, mas também a comunicação visual, auditiva, espacial" (Soares, 2002: 156).

Para além das tecnologias que geram novas práticas quanto a ler e escrever, compõem essa cena os novos espaços da escrita, mecanismos de produção e difusão. E Soares assim termina seu texto: "diferentes letramentos ao longo do tempo, diferentes letramentos no nosso tempo" (2002: 156), deslizando sincronia e diacronia para uma análise dinâmica do que se passava num momento de novas possibilidades para a leitura e a escrita.

LETRAMENTOS DIGITAIS: MODELOS E MEDIDAS

Até aí, no entanto, a expressão "letramento digital" continuava no singular. A despeito de uma compreensão de que os "letramentos" eram diversos, as TDIC passaram a ser vistas não como meros instrumentos dos letramentos, mas como objeto de análise e pesquisa. O que, afinal, elas provocavam e como transformavam leitores e produtores de textos? Como elas transformavam nossas práticas sociais letradas? Que especificidades elas traziam? E como elas mesmas eram influenciadas pelas práticas de leitura e escrita das pessoas, num amálgama entre propiciamentos e determinações?

Em outros tantos trabalhos de pesquisadores e pesquisadoras brasileiros, o "letramento digital" (no singular) apareceu como perspectiva ou como "recorte" que ajudava a enxergar um eventual tipo específico de letramento relacionado, necessariamente, às TDIC. Elas, por sua vez, estavam longe de ser um objeto simples e unívoco. As TDIC eram e são um universo de itens e recursos que ensejam ou provocam práticas de comunicação, leitura e escrita, mas também usos de outras linguagens, de maneira complexa e em configurações variadíssimas. A noção de "letramento digital" tornou-se uma espécie de lente de aumento, um filtro capaz de especificar o debate, levando-o a cenas relativamente novas e por compreender. Serviu a investigações que buscavam entender e discutir questões como a leitura em telas, gêneros textuais emergentes (e-mails, chats, blogs, plataformas de redes sociais, memes etc.), produção escrita em ambientes digitais, ensino e aprendizagem on-line e muitas outras questões que pareciam exigir novos conhecimentos e novas práticas e, na mão inversa (mas não excludentemente), pareciam nos ensinar novas maneiras de ler e escrever (ou propiciar que as criássemos).

LETRAMENTO DIGITAL

Um dos primeiros livros brasileiros que surgiram assumindo a noção central de "letramento digital", inclusive no título, foi o de Carla Coscarelli e Ana Elisa Ribeiro, em 2005, publicado em uma importante coleção do Centro de Alfabetização, Leitura e Escrita (Ceale), da Universidade Federal de Minas Gerais (UFMG). Um conjunto de pesquisadores, bastante alinhados às noções de Magda Soares, apresentava ali os resultados de seus trabalhos sobre questões tecnológicas que nos afetavam socialmente pela via das linguagens e dos textos. E-mails, chats, sites e outros "espaços de escrita" apareciam como objeto de estudo, às vezes em suas próprias configurações e existências digitais, outras vezes nas interações entre humanos e máquinas ou mediando pessoas no ato da comunicação. Naquele momento, uma discussão sobre a multiplicidade de configurações do próprio letramento digital já se insinuava, embora ainda fosse particularmente desafiador fatorar as práticas de leitura e escrita em ambiente digital (ou mediadas por recursos dessa natureza) em habilidades especializadas ligadas a cada gênero de texto, espaço, tela ou aplicativo empregado.

Essa fatoração apareceu logo adiante, em especial em um conhecido livro de três estrangeiros, Gavin Dudeney, Nick Hockly e Mark Pegrum, publicado em português em 2016 e já bastante citado. O exercício desses pesquisadores é o de fatorar cada uso dos textos ou de recursos digitais em habilidades que correspondem a um tipo de letramento, tornando a potência desse plural infinita. Por exemplo, haveria um letramento em SMS para descrever o domínio de uma prática de leitura e produção de textos especificamente ligada às mensagens curtas enviadas por telefone; ou um letramento específico de memes; e assim por diante. Esses letramentos, extremamente variados e específicos, poderiam ser aprendidos socialmente, mas também abordados na escola, inclusive por meio de didáticas menos e mais favorecidas pela disponibilidade dos recursos digitais. Segundo esses autores, portanto, é possível letrar digitalmente em salas de aula com zero TDIC. A ideia de que cada elemento aprendido nas práticas de leitura e escrita com TDIC gera um microletramento, uma espécie de atomização à procura de uma unidade mínima, confunde

83

os microletramentos com as habilidades específicas, algo que tem sido admitido por muitos pesquisadores como forma de compreender a questão e de operar no ensino e no desenvolvimento de pedagogias para o letramento digital.

Bastante antes da publicação desse livro, uma dupla de pesquisadores brasileiros (Dias e Novais, 2009) havia proposto uma matriz para mensurar o letramento digital.[4] Embora não pluralizassem o termo, consideravam em sua matriz, inspirada na estrutura de outras como a do Exame Nacional do Ensino Médio (Enem) e a do Programa Internacional de Avaliação de Estudantes (Pisa), diversas camadas de aprendizado do letramento digital, começando pela operação dos recursos (ligar, desligar, teclar) e chegando a processos mais sofisticados e profundos, na busca de uma identificação do letramento digital em níveis combinatórios e de lógica sintática. Esse tipo de pesquisa e proposta recebeu grande atenção, por muito tempo, entre pesquisadores brasileiros e estrangeiros. É possível dizer que o problema de critérios e soluções para medir níveis de letramentos ainda é um ponto crucial para os interessados no tema, mesmo que se possa discordar dessa abordagem. Ocorre, no entanto, que a dinamicidade das tecnologias e das práticas que elas ensejam tornam os letramentos digitais enormemente mutantes, isto é, eles jamais são os mesmos e evoluem todo o tempo, em direções às vezes surpreendentes.

NEW LONDON GROUP E NOVAS MÍDIAS, UNS ANOS ANTES

Outro documento importante e influente em relação ao pensamento sobre TDIC, linguagem e educação é o manifesto da "Pedagogia dos multiletramentos", assinado por pesquisadores anglofalantes (autodeclarados o New London Group – NLG) reunidos em um evento nos Estados Unidos, em 1994. O artigo derivado desse encontro foi publicado, em 1996, em uma revista da Universidade de Harvard e só foi totalmente traduzido no Brasil em 2021, por grupos ligados ao Cefet-MG e à Unicamp, separadamente. As ideias e a metalinguagem propostas nesse artigo, intitulado "Uma pedagogia dos multiletramentos – projetando futuros sociais", tiveram enorme difusão em nosso país e influenciaram inclusive a Base Nacional Comum Curricular, homologada em 2018.

O que nos importa nesse manifesto, para os objetivos deste capítulo, é o que ele diz sobre as TDIC, a escola e o futuro, ao menos os vistos desde países desenvolvidos em meados dos 1990 (e voltamos a essa década). Segundo os dez autores que subscrevem o documento, a chegada de novas mídias à sociedade traria (e já vinha trazendo) mudanças nas interações, na linguagem e inclusive na emergência de novos textos e formas de comunicação. Diante disso, seria fundamental que houvesse mudanças importantes na educação, na escola e nos modos de ensinar, isto é, eles propunham uma nova pedagogia e cunhavam o termo "multiletramentos", que, sem romper com uma herança na discussão sobre o letramento, revisava e suplementava a noção anterior, propondo uma relativamente nova. As TDIC, embora não nominalmente citadas, eram um dos elementos centrais da proposta e eram vistas como propulsoras de mudanças incontornáveis em relação à linguagem.

A proposta do NLG teve forte influência sobre a formação de professores e as discussões da Linguística Aplicada no Brasil, pondo em cena mais um termo importante, gerado também de uma revisão da noção de letramento, isto é, "multiletramentos". Pode-se dizer que, em certo sentido, os letramentos digitais estão contemplados aí, se considerarmos que as TDIC são entendidas como operadoras ou agentes de mudanças na linguagem e nas práticas sociais (e escolares) de leitura e escrita. O termo "letramento digital" não chega a ser mencionado pelo NLG, mas a noção de "multiletramentos" parece pretender justamente abarcar elementos tão plurais quanto culturas, textos e tecnologias.

CONSIDERAÇÕES FINAIS

Este breve capítulo partiu da década de 1990 para abordar as noções de letramento e de letramento digital, chegando aos nossos dias. Um dos textos fundamentais nesse debate público foi o artigo de Magda Soares em 2002, no qual demos um *zoom*, a fim de desvelar proposições e argumentos que levaram a eminente autora (infelizmente falecida em 2023) a revisar e ampliar a noção de letramento, além de cunhar, talvez de forma pioneira, a expressão "letramento digital", tão produtiva para muitos estudos realizados nas duas décadas que se seguiram. A fim de produzir um texto fluente, evitamos citações diretas, embora tenhamos mencionado autores e obras de maneira panorâmica ou tangencial. De todo modo, fizemos constar nas referências bibliográficas uma lista de obras e textos que concorreram para este capítulo e que podem funcionar como alguns dos rastros importantes deixados pelos caminhos pelos quais passamos.

O que são "letramentos digitais", afinal? Podemos abordar a questão de maneira genérica, mas vimos que há trabalhos que buscam decupar ou fatorar esses letramentos em microletramentos ou em habilidades que os tornem inteligíveis e, ao mesmo tempo, mensuráveis. Por trás dessas propostas podemos dizer que há ao menos uma questão de fundo: o que, afinal, é específico e diferente nas práticas letradas em recursos e ambientes digitais? E outras questões que podemos assim formular:

- Há algo distintivo ou radicalmente diverso nos letramentos digitais em relação ao que conhecíamos no universo dos impressos? É necessariamente melhor ou pior?
- Uma abordagem comparativa de caráter competitivo/excludente nos auxilia na compreensão dos fenômenos que interligam linguagens, textos e TDIC?
- Afinal, que mudanças eram aquelas percebidas por Magda Soares (que levaram à revisão da noção de letramento e à sua adjetivação)? E o que percebia o New London Group nos anos 1990?
- As perguntas de vinte anos atrás são as mesmas de hoje? Encontramos algumas respostas nesse intervalo? Quais? Que novas inquietações temos hoje?

Obviamente, essa é uma versão possível da trajetória que nos trouxe a essas expressões e noções – de "letramentos" e "letramentos digitais", que continuam produtivas e inquietantes até hoje. Nossa capacidade de observação, experimentação e, principalmente, de revisão de noções e propostas é constantemente exigida, uma vez que o grande universo das tecnologias digitais da informação e da comunicação apresenta sempre recursos, processos e questões novos. Hoje em dia, estamos às voltas, por exemplo, com as inteligências artificiais, entre outros itens que abalam certezas, precisam ser compreendidos, têm enorme impacto social e atravessam as questões educacionais, além das comunicacionais. Teremos sempre assunto e motivos para pesquisar elementos e objetivos de natureza digital, ou seja, se há algo que devemos saber sobre os letramentos é da sua impermanência.

Notas

[1] Em seus livros e textos, Magda Soares aponta o desenvolvimento do letramento como elemento fundamental para o alcance da cidadania plena, isto é, para que as pessoas acessem direitos que dependem de leitura e escrita.

[2] O Google Scholar informa mais de 1.500 trabalhos que o mencionam, e isso certamente é subnotificado.

[3] Além de Marcuschi, Júlio Araújo, Juliana Alves Assis, Fabiana Komesu e muitos outros dedicavam-se a estudar gêneros então emergentes em ambiente digital. O hipertexto também se tornou objeto de pesquisa e debates (acirrados), além de questões como as possíveis diferenças entre ler na tela e ler no papel, geralmente tratando disso via o par vantagem/desvantagem, pior/melhor etc. Nesse sentido, uma visão mais integrada e ecológica das tecnologias demorou a ganhar espaço. Marcuschi foi pioneiro ao tratar dos gêneros digitais emergentes, assim como também foi leitor de David Bolter e Roger Chartier. Ao final deste texto, ver referências bibliográficas gerais. Nesta obra, o capítulo do professor Guilherme Brambila retoma uma série de questões propostas por Marcuschi quanto ao texto e aos letramentos.

[4] Há na literatura da área posições contrárias à ideia de que se possa medir o letramento, com fortes argumentos quanto a isso. No entanto, entre apropriações e distorções dos conceitos, a medição dos letramentos é parte não desprezível do esforço de pesquisa em linguística e em educação no Brasil, sob influência de medições internacionais e de uma abordagem neoliberal da educação e de sua "evolução", com consequências nos investimentos financeiros e em políticas públicas abrangentes.

Referências

ARAÚJO, Júlio. C. *Os chats*: uma constelação de gêneros na Internet. Fortaleza, 2006. Tese (Doutorado em Linguística) – Universidade Federal do Ceará, PPGL, 2006.

BOLTER, Jay David. *Writing space*: computers, hypertext, and the remediation of print. 2. ed. Mahwah, NJ: Lawrence Erlbaum, 2001.

BRASIL. Ministério da Educação. *Base Nacional Comum Curricular*. Brasília: MEC, 2018. Disponível em: http://basenacionalcomum.mec.gov.br/images/BNCC_EI_EF_110518_versaofinal_site.pdf Acesso em: 3 abr. 2023.

TERRITÓRIOS DO LETRAMENTO

CAZDEN, Courtney et al. A pedagogy of multiliteracies: designing social futures. *Harvard Educational Review*, v. 66, p. 60-92, 1996. [CAZDEN, C. et al. *Uma pedagogia dos multiletramentos*: desenhando futuros sociais. Orgs. Ana Elisa Ribeiro e Hércules Tolêdo Corrêa e (Trad. Adriana Alves Pinto et al. Belo Horizonte: LED, 2021. Disponível em: https://www.led.cefetmg.br/umapedagogia-dos-multiletramentos/. Acesso em: 8 abr. 2023.

COSCARELLI, Carla V.; RIBEIRO, Ana Elisa (org.). *Letramento digital*: aspectos sociais e possibilidades pedagógicas. Belo Horizonte: Autêntica, 2005.

COSCARELLI, Carla. Textos e hipertextos: procurando o equilíbrio. *Linguagem em (Dis)curso*, Palhoça, v. 9, n. 3, p. 549-564, set./dez. 2009. Disponível em: http://www.scielo.br/pdf/ld/v9n3/06.pdf. Acesso em: 17 out. 2019.

DIAS, Marcelo Cafiero; NOVAIS, Ana Elisa. Por uma matriz de letramento digital. In: III Encontro Nacional sobre Hipertexto, *Anais...* Belo Horizonte, CEFET-MG, 29 a 31 out. 2009. Disponível em: https://www.academia.edu/1924363/POR_UMA_MATRIZ_DE_LETRAMENTO_DIGITAL. Acesso em: 15 out. 2023.

DUDENEY, Gavin; HOCKLY, Nick; PEGRUM, Mark. *Letramentos digitais*. Trad. Marcos Marcionilo. São Paulo: Parábola, 2016.

KLEIMAN, Angela B. *Os significados do letramento*. Campinas: Mercado de Letras, 1995.

KRESS, Gunther. *Literacy in the new media age*. London: Routledge, 2003.

LÉVY, Pierre. *As tecnologias da inteligência*: o futuro do pensamento na era da informática. São Paulo: 34, 1993.
_____. *Cibercultura*. São Paulo: Editora 34, 1999.

MARCUSCHI, Luiz Antônio; XAVIER, Antônio Carlos (orgs.). *Hipertexto e gêneros digitais*: novas formas de construção do sentido. Rio de Janeiro: Lucerna, 2004.

PAIVA, Vera L de O. E-mail: um novo gênero textual. In: XAVIER, Antônio Carlos; MARCUSCHI, Luiz Antônio (orgs.). *Hipertexto e gêneros digitais*: novas formas de construção de sentido. Rio de Janeiro: Lucerna, 2004.

RIBEIRO, Ana Elisa. Que futuros redesenhamos? Uma releitura do Manifesto da Pedagogia dos Multiletramentos e seus ecos no Brasil para o século XXI. *Diálogo das Letras*, v. 9, p. 1-19, 2020. Disponível em: https://periodicos.apps.uern.br/index.php/DDL/article/view/2196. Acesso em: 15 out. 2023.

ROJO, Roxane. *Letramentos múltiplos, escola e inclusão social*. São Paulo: Parábola, 2009.

ROJO, Roxane; MOURA, Eduardo (org.). *Multiletramentos na escola*. São Paulo: Parábola, 2012.

SNYDER, Ilana. A new communication order: researching literacy practices in the network society. *Language and Education*, v. 15, n. 2-3, p. 117-131, 2001.

SOARES, Magda. Novas práticas de leitura e escrita: letramento na cibercultura. *Educação & Sociedade*, Campinas, v. 23, n. 81, p. 143-160, dez. 2002. Disponível em: https://www.scielo.br/j/es/a/zG4cBvLkSZfcZnXfZGLzsXb/abstract/?lang=pt. Acesso em: 2 jan. 2023.

UNESCO. *Resumo do Relatório de monitoramento global da educação 2023*: tecnologia na educação: uma ferramenta a serviço de quem? Paris, Unesco, 2023.

XAVIER, Antônio Carlos; MARCUSCHI, Luiz Antônio (orgs.). *Hipertexto e gêneros digitais*: novas formas de construção de sentido. Rio de Janeiro: Lucerna, 2004.

Tradução, letramento
e suas relações

Patrick Rezende

Considerando que a reflexão que ora apresentaremos para esta obra gira em torno da atividade tradutória enquanto um vetor para as práticas de letramento, cabe traçar uma breve digressão da própria palavra *letramento,* já que ela é fruto de um estrangeirismo aclimatado, ou decalque. Em outras palavras, é originada do processo de tradução da palavra inglesa *literacy*, que, por sua vez, remonta à latina *literratus*, que nos primeiros registros significava "erudito", "culto", e foi posteriormente utilizada para se referir aos indivíduos letrados.

Segundo o dicionário virtual *Oxford learners dictionary*, a palavra tem seus primeiros registros na língua inglesa no final do século XIX e tem como sua primeira entrada "a capacidade de ler e escrever",[1] o que se aproxima do que tradicionalmente também se entende como alfabetização. Assim, uma busca no dicionário brasileiro de língua portuguesa *Michaelis*, versão também virtual, fornece como sua primeira definição para *alfabetização* o "ato ou efeito de alfabetizar", e para *alfabetizar* encontra-se "ensinar ou aprender a ler e a escrever". Ou seja, apesar de a palavra *letramento* ter chegado ao português brasileiro – em Portugal é mais comum a utilização de *literacia* – pela inglesa *literacy*, nessa língua, contudo, seu sentido está muito próximo

89

do que no Brasil entendemos como alfabetização. Pode-se, assim, questionar se seria, então, um caso de erro de tradução. Contudo, por não se tratar do escopo do presente capítulo, não levantaremos qualquer hipótese ou juízo de valor em relação a tal questão. O ponto trazido é para mostrar que o termo *literacy*, ao ser traduzido para nosso vernáculo, abre a possibilidade tanto para alfabetização quanto para letramento. A escolha entre um ou outro dependerá do contexto no qual será utilizado, levando-nos a perceber que, como bem pontuou DePaula, "tudo em tradução se pergunta" (2011: 135), o que está diretamente relacionado aos estudos de letramento.

Um dos primeiros registros no contexto brasileiro da palavra *letramento* ocorre no afamado trabalho de Mary Kato, *No mundo da escrita: uma perspectiva psicolinguística*, publicado em 1986, no qual a autora afirma o seguinte:

> A função da escola é introduzir a criança no mundo da escrita, tornando um cidadão funcionalmente letrado, isto é, um sujeito capaz de fazer uso da linguagem escrita para sua necessidade individual de crescer cognitivamente e para atender às várias demandas de uma sociedade que prestigia esse tipo de linguagem como um dos instrumentos de comunicação. A chamada norma-padrão, ou língua falada culta, é consequência do *letramento*, motivo por que, indiretamente, é função da escola desenvolver no aluno o domínio da linguagem falada institucionalmente aceita. (Kato, 1986: 7; grifo nosso)

Ainda que no trecho a teórica não apresente uma definição propriamente dita do conceito de letramento, é possível marcar que, para Kato (1986), a condição de ser letrado transcende a mera habilidade de ler e escrever. Na citação, podemos perceber que a incumbência da escola, sobretudo a do professor, repousa na orientação do aluno na obtenção da flexibilidade linguística indispensável para um desempenho adequado e exigido pela sociedade na qual ele está inserido. Isto é, não se trata apenas da capacidade ou habilidade para ler ou escrever. No início do excerto, a autora pontua que a linguagem é um instrumento de comunicação, ou seja, sua função está em transmitir informações. Contudo, ao mencionar que a norma padrão é resultado do processo de letramento, ou seja, que o indivíduo letrado seria, assim, aquele que domina a linguagem aceita institucionalmente, Kato se aproxima do que Koch (2007 [1993]) chama de concepção de linguagem enquanto lugar de ação ou interação. Trata-se de encarar

> [...] a linguagem como *atividade*, como *forma de ação*, ação interindividual finalisticamente orientada; como *lugar de interação* que possibilita aos membros de uma sociedade a prática dos mais diversos tipos de atos, que vão exigir dos semelhantes reações e/ou comportamentos, levando ao estabelecimento de vínculos e compromissos anteriormente inexistentes. (2007: 7-8)

O conceito de letramento, portanto, se distancia do que tradicionalmente se compreende como alfabetização. Isso se deve ao fato de que saber ler e escrever não necessariamente capacita o indivíduo a se envolver em uma variedade de ações distintas. Teóricos da área, como Magda Soares (1998), diferenciam, assim, essas duas práticas. Para a autora,

> [...] um indivíduo alfabetizado não é necessariamente um indivíduo letrado; alfabetizado é aquele indivíduo que sabe ler e escrever, já o indivíduo letrado, indivíduo que vive em estado de letramento, é não só aquele que sabe ler e escrever, mas aquele que usa socialmente a leitura e a escrita, pratica a leitura e a escrita, responde adequadamente às demandas sociais de leitura e de escrita. (Soares, 1998: 39-40)

Sob essa ótica, a alfabetização é compreendida, em grande extensão, como o procedimento de aquisição de códigos, alfabéticos ou numéricos, ao passo que o letramento implica a instrução para a leitura e a escrita situadas em um contexto sócio-historicamente definido, gerando significados para o usuário da língua dentro da conjuntura em que está inserido. Para Soares (1998), torna-se essencial ir além da mera combinação de letras para a construção de palavras e da organização lexical para a composição de frases. Cabe uma assimilação profunda do conteúdo lido que envolva a compreensão de uma diversidade de tipos textuais, estabelecendo conexões significativas entre eles. Para a teórica, o processo de letramento não se limita à estrutura linguística básica, requerendo, assim, uma apreciação mais ampla e contextualizada do material textual.

Essa diferenciação em relação ao que é compreendido como alfabetização é necessária, segundo Soares (1998), para caracterizar indivíduos que evidenciam competências de leitura e escrita, a fim de atenderem às complexas demandas impostas pela vida em sociedade nas diversas facetas das práticas cotidianas associadas às habilidades linguísticas. De maneira mais precisa, as habilidades de leitura e escrita, quando entendidas exclusivamente como decifração e reprodução de códigos, não proporcionam ao indivíduo a aptidão necessária para interagir eficazmente com as diversas formas de texto que permeiam a sociedade. Torna-se, portanto, imperativo pensar e trabalhar tais habilidades como atos emancipatórios pelos quais o indivíduo se torna capaz de compreender sentidos na sociedade em que vive, bem como negociá-los responsavelmente.

Soares (1998), ao exemplificar a diferença dos conceitos, indica o clássico exemplo da criança que, antes mesmo de ser alfabetizada, finge ler um livro, passando o dedo pelas linhas da escrita, e produz entonações de narração, utilizando, em alguma medida, inclusive recursos estilísticos e performáticos. Essa criança, para a autora, apesar de não ser alfabetizada, já possui graus de letramento. O mesmo ocorre, segundo Soares (1998), quando um adulto que não possui habilidades de leitura e escrita solicita a alguém alfabetizado que lhe redija algo. Nessas circunstâncias, é comum que o próprio indivíduo instrua como quer que o texto seja escrito, ditando os recursos linguísticos e estilísticos necessários para se comunicar, dando ao texto singularidades daquele que está ditando. Esses seriam indícios de que, mesmo não sendo alfabetizado, a pessoa conhece estruturas e funções do gênero requisitado em sua demanda comunicativa. Conforme Soares (1998), embora esse indivíduo possa não demonstrar proficiência na tecnologia de decodificação de signos, ele manifesta, por outro lado, um nível de letramento decorrente de sua experiência dentro de uma sociedade permeada pela prática da escrita. É relevante observar que, de maneira frequente, a experiência oposta acontece. Encontramos indivíduos que possuem competência na escrita, no entanto, não conseguem aplicar efetivamente essa habilidade em contextos particulares. Em termos mais específicos, a habilidade de decifrar símbolos escritos pode não ser adequada para conferir a uma pessoa o *status* de letrada em certas atividades, uma vez que o letramento vai além da simples capacidade de manipular o código linguístico. Aqueles que são alfabetizados podem também enfrentar desafios consideráveis ao empregarem suas habilidades de escrita em situações que exigem compreensão profunda, análise crítica e geração de significados em contextos específicos. Dessa forma, a distinção entre alfabetização e letramento vem se destacando como uma consideração importante na avaliação da proficiência linguística em diversos cenários sociais, de modo que, para os teóricos do letramento, não se trata de uma simples discussão de nomenclaturas. Kleiman (2007), por exemplo, afirma que

> A diferença entre ensinar uma prática e ensinar para que o aluno desenvolva uma competência ou habilidade não é mera questão terminológica. Na escola, onde se predomina uma concepção da leitura e da escrita como competências, concebe-se a atividade de ler e de escrever como um conjunto de habilidades progressivamente desenvolvidas até se chegar a uma competência leitora e escritora ideal: a do usuário proficiente da língua escrita. Os estudos do letramento, por outro lado, partem de uma concepção de leitura e de escrita como práticas discursivas, com múltiplas funções e inseparáveis dos contextos em que se desenvolvem. (2007: 02)

Dessa forma, é possível observar que, no âmbito do português brasileiro, o termo *literacy* acaba por adquirir ao menos duas conotações, em virtude da persistência, no contexto nacional, de estruturas que se dedicam à aquisição da habilidade de leitura e escrita, sem considerar a relevância do contexto social em que os indivíduos estão integrados. A partir dessa perspectiva que diferencia alfabetização de letramento, pode-se até argumentar que haja indivíduos analfabetos, mas seria impróprio afirmar a existência de alguém "totalmente iletrado". Afinal, como mencionado, todo sujeito, independentemente de sua capacidade intelectual ou situação socioeconômica, encontra-se na contemporaneidade envolvido, em algum grau, em práticas discursivas que intersectam o uso da escrita e as correspondentes práticas sociais. Portanto, a acepção de "*literacy*" no Brasil poderá ora estar mais próxima do que atualmente se entende como alfabetização ora como letramento. A inclusão da palavra "atualmente" é para marcarmos o entendimento de que, embora essa distinção seja a predominante na atualidade, não significa que, décadas atrás, os estudos sobre alfabetização entendiam esse processo unicamente como mecânico, tecnicista, neutro, acrítico ou, nas palavras de Freire (2005 [1968]), bancário, mas, sim, porque os atuais teóricos possivelmente reconhecem a necessidade de um novo termo para se referirem às práticas de utilização de leitura e escrita em contextos sociais. Afinal, vale pontuar que muito antes da consolidação do que hoje é a área dos "Estudos do Letramento", Freire já questionava as práticas de alfabetização que não levavam em consideração a compreensão crítica da realidade. Vale retomar a muito conhecida frase do teórico, quando afirma:

> Não basta saber ler mecanicamente que "Eva viu a uva". É necessário compreender qual é a posição que Eva ocupa no seu contexto social, quem trabalha para produzir uvas e quem lucra com este trabalho. Os defensores da neutralidade da alfabetização não mentem quando dizem que a clarificação da realidade simultaneamente com a alfabetização é um ato político. Falseiam, porém, quando negam o mesmo caráter político à ocultação que fazem da realidade. (Freire, 1978: 70)

Embora o trecho inclua o termo *alfabetização*, é indubitável que, para Freire (1978), os processos de aquisição da escrita e leitura representam práticas sociais que demandam a participação ativa e crítica dos sujeitos. Nessa perspectiva, a linguagem é vista não como um simples reflexo do mundo, mas como uma forma de agir e interagir na sociedade. Desse modo, as palavras e os conceitos vão adquirindo novos contornos, de acordo com os contextos nos quais estiverem inseridos. Se na década de 1970 Paulo Freire entendia que alfabetização requeria necessariamente a consideração do contexto social, autores mais contemporâneos entenderam que haveria a necessidade de deslocar um *novo* conceito para se referir a esse processo. E isso está diretamente relacionado com a atividade tradutória, já que traduzir implica diretamente a manipulação da significação. Dado que o significado associado a um significante não é intrínseco nem essencial, não existe uma base fixa que assegure qualquer forma de estabilidade nessa interação. Desse modo, há um constante transbordamento de significantes, os quais, a cada uso, assumem contornos a partir das *regras* estabelecidas para aquele *jogo* (Wittgenstein, 1984 [1953]), ou seja, a cada contexto, o significante provisoriamente ganha determinadas configurações para que a comunicação ocorra. No entanto, é importante frisar, como pontuado por Wittgenstein (1984), que essas regras que regem esses *jogos de linguagem* não são entidades autônomas, mas estabelecidas e aplicadas pelos sujeitos que estão inseridos naquele ato comunicativo, sempre situados em um contexto sócio-histórico específico.

Considerando, assim, que o que afere significância às palavras é sua utilização, bem como sua manipulação, delimitadas pela comunidade linguística na qual elas são empregadas, não se trata, de tal modo, do que as palavras significam, mas sim do que elas podem significar. Cabe aqui lembrarmos dois importantes conceitos propostos por Jacques Derrida (1991): *iterabilidade* e *citacionalidade*. O primeiro refere-se à propriedade de o signo de ser repetido e recontextualizado em diferentes situações; trata-se da capacidade do signo de se repetir mesmo mudando. O filósofo desconstrói a tradição platônico-aristotélica de que as palavras têm um significado estável, único, depositado na letra, e argumenta que o processo de significação é iterável, ou seja, pode ser repetido e reutilizado em contextos diversos, de modo que, a cada uso, o signo se transforma sendo ele mesmo. A citacionalidade, por sua vez, está ligada à ideia de que a linguagem não é um mecanismo de expressão direta, mas um complexo sistema de referências intertextuais, de modo que o signo pode ser descolado de um determinado contexto e realocado em outro, carregando consigo uma história de usos anteriores. A iterabilidade e a citacionalidade expõem a dinamicidade da linguagem, evidenciando a polissemia das palavras e a multiplicidade dos sentidos.

A partir dessas considerações, podemos refletir sobre a tradução enquanto vetor para letramento não apenas em línguas estrangeiras, mas na própria língua do indivíduo. Afinal, traduzir implica inevitavelmente a interação com, pelo menos, dois sistemas semióticos distintos, exigindo do sujeito envolvido na tradução a expansão de sua compreensão em relação às nuances e complexidades inerentes a esses sistemas. Essa atividade transcende questões lexicais ou morfossintáticas, envolvendo necessariamente também reflexões textuais, semânticas, pragmáticas, culturais, entre outras. Cabe, inclusive, retomar o trabalho de Frota (2000), que propôs a incorporação da psicanálise como elemento transformador nas discussões sobre a natureza da subjetividade durante o ato de traduzir. De tal modo, a prática da tradução pode estar diretamente relacionada ao letramento no ensino de línguas, uma vez que demanda uma compreensão mais profunda e abrangente das diferentes questões presentes nos textos, contribuindo, como consequência, para um entendimento mais refinado das produções discursivas.

TRADUÇÃO COMO PRÁTICA DE LETRAMENTO

A aprendizagem está diretamente relacionada à sensação de estranhamento, uma vez que o sujeito se encontra compelido a suspender suas certezas preexistentes, assim como aquilo que, à primeira vista, parecia estar sedimentado, criando, consequentemente, um campo fértil para a multiplicidade de pensamentos e experiências. Não se trata de uma transição entre o desconhecimento para o saber. Aprender está relacionado a uma espécie de travessia contínua de águas turvas que desmantela a ilusória estabilidade e abraça a desconfiança como potência, em um recalcitrante processo de questionamento e reflexão.

Kastrup (2001), ao revisitar conceitos psicológicos tradicionais, como hábito, habilidade e imitação, em um texto sobre aprendizagem via perspectivas deleuze-guattarianas, oferece uma interessante metáfora que podemos relacionar com a tentativa de enxergar a tradução também como uma prática de letramento. Para a autora, ao viajar para um local estrangeiro, a pessoa se depara com desafios significativos até para realizar tarefas diárias simples, como, por exemplo, tomar um café ou ir a um determinado local. O indivíduo, ao ser inserido abruptamente em um novo contexto, enfrenta a necessidade de reavaliar suas práticas usuais, resultando em contínuas situações que o levam a experimentar e a problematizar tanto as novas circunstâncias quanto as habituais. Kastrup (2001: 17) pondera que não cabe entender

TRADUÇÃO, LETRAMENTO E SUAS RELAÇÕES

isso como uma simples questão de ignorância ou desconhecimento, "mas de estranhamento e tensão entre o saber anterior e a experiência presente. Quando viajamos somos forçados a conviver com um certa errância, a perder tempo, a explorar o meio com os olhos atentos aos signos e a penetrar em semióticas novas". Se transpusermos essa mesma analogia à prática da tradução, podemos pensar no desafio de transpor significados, nuances e modos de vida entre idiomas, o que demanda do tradutor uma abordagem necessariamente sensível e atenta aos contextos específicos. Assim como em uma viagem a terras desconhecidas, a tradução envolve explorar novos territórios linguísticos e interpretar signos de outras maneiras. "Somos forçados a pensar, a aprender e a construir um novo domínio cognitivo e uma outra maneira de realizar atividades que eram tão simples e corriqueiras que havíamos esquecido seu caráter inventado" (Kastrup, 2001: 17).

Ainda se utilizando da metáfora da viagem, a autora adiciona que viajar se apresenta como um momento propício para a aprendizagem, pois, durante a jornada, o viajante se depara com a realidade de que as relações tidas como evidentes e seguras são, na verdade, fruto de construções e invenções. Esse tipo de aprendizado transcende a resolução imediata de problemas, levando o indivíduo a refletir sobre questões de diversas ordens, ao retornar à sua origem. Isso acontece porque o viajante, frequentemente, experimenta alguns estranhamentos, percebendo detalhes antes negligenciados na paisagem local.

Ao relacionarmos isso com tradução, percebemos que, exatamente por lidarmos com, ao menos, dois sistemas semióticos, somos forçados a navegar entre eles. Trata-se de um processo que nos leva a sair de nossa origem, ir ao estrangeiro e retornar, em um movimento contínuo que nos leva necessariamente a ampliar nosso conhecimento sobre nossa própria língua, a questionar os significados que sempre nos pareceram estáveis, a descobrir novas palavras e estruturas e a desenvolver uma compreensão mais profunda sobre as semelhanças e as diferenças entre as línguas. Esse constante ir e vir entre diferentes sistemas de significado desafia nossa percepção linguística e abre portas para entender que as línguas transbordam uma em direção à outra, incentivando-nos a mergulhar nas complexidades que moldam a expressão humana em suas diversas formas.

Ao enfrentar os desafios advindos de uma tradução, o tradutor se vê compelido a explorar, também em sua própria língua, a flexibilidade de palavras, conceitos, ideias e paisagens que talvez não lhe aparecessem anteriormente, resultando em um refinamento no uso da linguagem. Essa dinamicidade do processo tradutório não apenas aprimora nossas habilidades linguísticas nas línguas em questão, mas também amplia nossa visão sobre a riqueza e a maleabilidade da linguagem, revelando que a tradução não trata de uma interação entre línguas autônomas ou de um procedimento que abarca duas línguas distintas, mas de um acontecimento que evidencia, na realidade, que estamos lidando com sistemas linguísticos que incorporam em si diversas línguas. "Eis o que nos ensina uma tradução, não o sentido contido num texto traduzido, nem isso ou aquilo, mas que há língua, que a língua é língua e que há uma pluralidade de línguas que têm entre elas esse parentesco de serem línguas"[2] (Derrida, 1982: 164). A língua do outro, a estrangeira, de tal modo, não se encontra em um polo oposto à língua materna do sujeito, em um binarismo cartesiano. Em vez disso, está em uma constante relação de complementaridade, de modo que a tradução se configura como um acontecimento dentro do jogo de significados que se desenrola nos interstícios das línguas envolvidas.

Kastrup (2001: 18) pontua que o afastamento do local de origem, trazido pela viagem, resulta em uma extensão do distanciamento da percepção comum e reconhecível. "A abertura da sensibilidade provocada pela viagem para a cidade estrangeira invade, então, a experiência da própria cidade. A experiência de recognição cede lugar à problematização". A tradução segue uma abordagem análoga, com o tradutor constantemente se questionando sobre suas escolhas, tais como o motivo do seu texto traduzido ser mais extenso que o de partida, a transformação de uma voz ativa em passiva, a razão pela qual ele ter optado por uma palavra em detrimento de outras e inesgotáveis outras possibilidades de reflexão. Essa viagem entre línguas gera aprendizado porque eleva "as faculdades ao seu exercício disjuntivo, ultrapassando os limites do funcionamento recognitivo" (Kastrup, 2001: 18), de forma a explicitar que a "aprendizagem começa quando não reconhecemos, mas, ao contrário, estranhamos, problematizamos" (2001: 18).

A tradução nos obriga a lidar com o que Derrida chama de *double bind*,[3] ou seja, "a relação conflitante e paradoxal que os tradutores têm ao (re)conciliar o intraduzível e a tradução" (Ottoni, 2005: 15). Dito de outra forma, a tradução é simultaneamente a impossibilidade e a necessidade, evidenciando a inexistência de significados únicos e estáveis. Nesse sentido, é pertinente reconhecer a relevância da tradução, pois é por meio desse processo que obtemos acesso ao outro. Contudo, é crucial também reconhecer que o que obtemos é apenas uma entre as várias possibilidades de leitura e interpretação. Vale ressaltar, entretanto, que não significa que qualquer sentido vai ser aceito ou tomado como válido, afinal, como mencionado anteriormente, os significados se constituem dentro dos *jogos de linguagem* em que estamos inseridos. Desse modo, Derrida (2001 [1972]) defende que substituamos a ideia de tradução como transporte para "transformação regulada de uma língua por outra, de um texto por outro" (2001: 26), o que significa que todo ato tradutório implica necessariamente

> [...] alterações, mudanças e variações, tornando a produção de partida diferente do que era, mas é importante entender que esta conversão não se dá à revelia, e sim, de forma sobredeterminada, dentro de certos limites, que não são fixos, mas possuem uma mínima estabilidade que possibilita que algo seja apresentado e aceito como tradução por determinado grupo, sempre localizado social, cultural, econômica e historicamente. (Rezende, 2016: 127)

A partir da compreensão do *double bind*, qualquer esforço para estabilizar a linguagem é desfeito; mesmo ao buscar um nível anterior, não é possível identificar uma base sólida e constante. No entanto, a comunicação continua a ocorrer, uma vez que partilhamos, de maneira singular, um conjunto de regras e convenções que ilusoriamente estabelecem a estabilidade. Embora o significado estável não exista de forma concreta, opera e se mantém para esse conjunto específico de ideias compartilhadas. A tradução, assim, expõe que a estabilidade da linguagem é sempre singular e efêmera.

Traduzir implica necessariamente, como bem discute DePaula (1996), o desenvolvimento da habilidade de discernir as diversas camadas inferenciais

TERRITÓRIOS DO LETRAMENTO

existentes entre a intenção comunicativa subjacente e as múltiplas formas de expressão disponíveis, bem como os diversos impactos potenciais decorrentes das escolhas linguísticas efetuadas. Essa capacidade está diretamente relacionada a uma prática de letramento, visto que se trata de demanda por usos sociais da linguagem, manifestando-se como práticas discursivas, com múltiplas funções e inseparável dos contextos em que se desenvolve (Kleiman, 2007).

A aprendizagem de uma língua estrangeira não se limita à aquisição de habilidades básicas de leitura, escrita, produção e compreensão oral. Ela abrange, sobretudo, a capacidade de participar ativamente em práticas sociais complexas que envolvem as diferentes formas de linguagem. Isso implica a interpretação crítica de textos, a compreensão de diferentes discursos e gêneros textuais, a capacidade de expressão eficaz em diversos contextos comunicativos, mas, acima de tudo, a conscientização de que é via linguagem que questionamos a conjuntura na qual estamos inseridos e contribuímos para a manutenção ou o desmantelamento das estruturas do poder dominante. O ato tradutório lida diretamente com todas essas questões de modo que a tradução pode ser entendida como um vetor nas práticas e nos eventos de letramento, exatamente por não ensinar apenas que as línguas expressam de modos diferentes ideias semelhantes, mas também que tanto as línguas como seus discursos estão constantemente em relações desiguais de poder, de forma que o tradutor ocupa esse interstício de palavras e conceitos, lutando para dar significados e trazer compreensão em meio a dinâmicas complexas.

A tradução permite, sobretudo alinhada a uma perspectiva pragmática austiniana da linguagem (Austin, 1962), a transição da ideia de "o que as palavras significam" para "o que elas podem significar", contribuindo para o desmantelamento da ainda arraigada visão platônica-aristotélica, que entende que "por mais que as diferentes línguas tenham nomes – sons e escritas – diversos para certa coisa, as afecções da alma permanecem iguais para todos" (Rezende, 2019: 49).

Ainda que a tradução enquanto produto esteja no plano da escrita, seu processo demanda necessariamente outras habilidades e meios semióticos exatamente pelo fato de ser uma prática que requeira entender que a linguagem não é independente do sujeito, da história, da cultura, do tempo e do local no qual foi produzido aquele texto de partida. Kleiman (2014) pontua que, na contemporaneidade, as diversas práticas de letramento intersemióticas impõem crescentes exigências ao leitor e produtor de textos, demandando competências cada vez mais avançadas na leitura e interpretação da informação, cujo entendimento e também produção acionam uma combinação de diversos meios e mídias. Traduzir, de tal modo, permite ao sujeito se envolver de forma mais atenta ao texto, contribuindo para desenvolver habilidades muito além da decodificação. DePaula (2005) destaca que a atividade tradutória permite, por exemplo, o exercício de cotejar textos e que, ao dispor o texto de partida ao lado de sua tradução, e talvez outras traduções que existam desse mesmo objeto, o leitor-tradutor vai gradualmente desenvolvendo um entendimento mais profundo daquele texto, para, consequentemente, ampliar "as possibilidades de sentido para ele, evidenciando que alguns significados são apenas perceptíveis no encontro, no embate, pelo contraste, pois o que talvez tenha sido escondido em uma língua estará evidenciado na outra" (Rezende, 2021: 344).

A execução da atividade tradutória exige o aprimoramento da capacidade reflexiva e crítica, sendo um dos pontos centrais do letramento dos sujeitos. DePaula (2005) reforça que tanto a tradução quanto as leituras decorrentes desse processo são capazes de trazer à tona questões, minúcias, situações e sutilezas que provavelmente passariam despercebidas sem os procedimentos exigidos pela tarefa tradutória, indicando que estamos a todo instante selecionando o que levar adiante. Essa capacidade de seleção, destacada no contexto da tradução, encontra paralelos significativos nas práticas de letramento. Como não se trata de apenas decodificar um código linguístico, o sujeito envolve-se em atos seletivos, discernindo detalhes que considere importantes, compreendendo nuances e desenvolvendo uma abordagem crítica e reflexiva. Nesse sentido, a tradução, enquanto uma prática de letramento, é uma atividade que promove o desenvolvimento da competência interpretativa e discursiva, uma vez que o sujeito se depara com questões que vão desde problemas lexicais a desafios de compreensão cultural. Trata-se, portanto, de um exercício enriquecedor de letramento, capaz de exercitar as habilidades de o sujeito de interpretar, analisar, criticar e comunicar eficazmente em contextos linguísticos e culturais diversos.

Soma-se a essa questão o posicionamento de Cook (2007: 398), que afirma:

> Ela [a tradução] sempre foi uma habilidade útil, mas em sociedades multiculturais de hoje, do mundo globalizado, ela é ainda mais. Aqueles que conhecem duas línguas precisam frequentemente empregar esse conhecimento na mediação entre aqueles que só conhecem uma. Isso ocorre na vida pessoal de imigrantes ou de famílias de línguas mistas, na vida em sociedade onde uma pessoa tem um maior conhecimento do ambiente linguístico do que outra, e no mundo do trabalho onde empregados bilíngues são constantemente chamados – ou especificamente contratados – para mediar entre falantes monolíngues. A tradução é também o pilar de qualquer esperança de paz e cooperação internacional.[4]

Examinar uma diversidade de textos, cotejá-los, buscar por padrões linguísticos, refletir sobre as razões subjacentes às diferentes formas de significar e, consequentemente, recriar textos, dizer o mesmo de outra forma, não apenas aperfeiçoa a habilidade do aluno em utilizar as línguas, tanto a estrangeira como a materna, mas também promove um entendimento mais abrangente da complexidade da linguagem. Assim, como os teóricos do letramento afirmam que o ato de letrar transcende a questão da alfabetização – já que um sujeito letrado é aquele capaz de ler, interpretar e produzir textos de maneira crítica, reflexiva e engajada ativamente em diferentes contextos sociais, promovendo uma integração mais profunda e significativa na sociedade –, traduzir está muito além do ato de transpor signos de uma língua para outra. A prática da tradução fortalece não apenas as habilidades linguísticas e de comunicação intercultural, mas também contribui para a construção de pontes, que precisam ser plásticas o suficiente para realizar "o de lá para o cá", de acordo com as funções da tradução em questão (Rezende, 2014). Nesse contexto, busca-se uma compreensão do sujeito acerca do fenômeno pelo qual as significações emergem da relação dialógica entre o indivíduo e seu objeto, ressaltando a natureza dinâmica e interdependente desse processo.

Essa *ponte plástica*, em contraste com a perspectiva de uma ponte concebida por arquitetos e engenheiros, os quais necessitam solidificar devidamente as colunas dessa infraestrutura que conecta dois pontos, destaca-se por sua ausência de concretude. Ela não estabelece uma ligação direta entre dois destinos específicos; ao invés disso, demonstra maleabilidade e aponta para a multiplicidade de passagens, desmantelando trajetos previamente percorridos que foram erroneamente percebidos como uma única possibilidade. Essa metáfora nos proporciona uma visão na qual a primazia reside no processo, no ato de transitar em si, e não na chegada, pois, em última instância, não se trata do fim, mas do *continuum*. "Traduzir de maneira plástica é se posicionar na paradoxal tarefa de seguir adiante, mas também resistir. Entretanto, a resistência é em não se fixar, não se aceitar como uno, é afrontar a univocidade" (Rezende, 2013: 31). Dessa forma, a tradução, ao promover esses diversos atravessamentos, torna-se um vetor para o letramento, impulsionando a capacidade de questionar, analisar e comunicar de maneira mais ativa em diversos contextos multiculturais.

CONSIDERAÇÕES FINAIS

A reflexão inicial que apresentamos neste capítulo sobre a tradução da palavra *literacy* já sugere a capacidade de considerar essa atividade como um meio para o "desenvolvimento da percepção crítica da realidade social de forma a poder questioná-la e refletir sobre ela e as relações nela construídas" (Pertel, 2014: 143). A partir de uma perspectiva freiriana, Pertel (2014) argumenta que cabe enxergar na tradução um meio de interrogar os modos como a realidade nos é apresentada, "a partir de uma postura epistemológica que visa problematizar a forma oficial de conhecimento, numa incansável busca por respostas que envolvem também um processo inesgotável de contestação e redescoberta desse conhecimento" (2014: 144).

A tradução, compreendida como uma prática de letramento, amplia essa compreensão como uma ferramenta potencial para promover a reflexão crítica. Nesse processo, os alunos percebem paulatinamente que a escolha entre A ou B nunca é uma mera questão lexical, mas um ato que impacta diretamente os processos discursivos. Ao empregar diversas práticas tradutórias na sala de aula, especialmente a interlingual, busca-se simultaneamente desenvolver habilidades linguísticas, comunicativas e interculturais, além de promover a percepção de que o texto, enquanto acontecimento, "sempre se desenvolve na fronteira de duas consciências, de dois sujeitos", conforme reflete Bakhtin (2006 [1959-1961]: 311).

Traduzir potencializa nossa capacidade de enxergar o outro como um legítimo outro, pelo próprio olhar da alteridade, pois nos força a lidar com sua língua, assim como com sua cultura, suas temporalidades, suas perspectivas, seu ritmo e seus modos de vida, sem deixarmos de ser estrangeiros. Ao mesmo tempo, esse afastamento, como refletimos anteriormente, permite enxergar nossa própria língua e todas as camadas que a sobredeterminam sob uma nova perspectiva, a partir de um olhar mais distante. Isso nos remete a Viveiro de Castro (2015 [2009]), que afirma que "o que toda experiência de uma outra cultura nos oferece é uma ocasião para se fazer uma experiência sobre nossa própria cultura" (2015: 21). Nessa mesma seara, Pertel (2014) reitera a importância da tradução no ensino da própria língua materna do aluno. A autora argumenta que o traduzir proporciona uma experiência reflexiva e crítica na qual o aluno, ao desempenhar o papel de tradutor, vai constituindo a obra da diferença,

> [...] recriando o "original", redescobrindo os significados, bem como ressignificando-os, numa dialogia que revela o texto traduzido, construído a partir de um jogo que, futuramente, ao ser lido e re-lido, será substituído por outra escritura. O fato é que o aluno/tradutor participa desse processo de forma crítica e reflexiva, a partir de um saber *sui generis*. (2014: 145)

A essa reflexão acrescenta-se a dimensão ética. Nos estudos sobre letramento, enfatiza-se a importância de se lidar com as diferenças, de aprender a relativizar e a dialogar com diversas perspectivas. Isso se deve ao entendimento de que a linguagem não pode ser simplificada a uma única dimensão, considerando o papel do sujeito enquanto ser social, histórico e ideológico, imerso em suas subjetividades e nas complexas relações, sobretudo de poder, dentro da sociedade. Consequentemente, cabe a "necessidade de uma atitude mais ética perante o estrangeiro, sem reduzi-lo a uma única representação possível, de acordo com nossos esquemas conceituais" (Tagata, 2017: 397). Dessa forma, é importante ressaltar que ao tradutor recai, necessariamente, uma responsabilidade ética, ao tornar uma mensagem inteligível para um grupo específico, considerando todas as implicações de suas escolhas. Não se trata apenas de compreender uma obra, sua língua e cultura, mas também considerar seus interlocutores. Além disso, é crucial perceber que entre as camadas textuais existem forças ideológicas e sociopolíticas que tecem a trama do texto, de modo que ele é, antes de tudo, uma arena de confrontos, negociações e transformações, evidenciando que a tradução é uma eficaz forma de levar adiante desde ideias até impérios (DePaula, 2011).

Ao traduzir, o aluno/tradutor vai desvelando e compreendendo a importância de ancorar a significação textual no contexto sócio-histórico e nas dinâmicas relacionais. Isso se configura como um meio de compreender o mundo, entender como as línguas significam e reconhecer que a tradução constitui uma importante forma de comunicação, principalmente na conjuntura em que estamos inseridos.

Menezes de Souza (2011) enfatiza que a globalização na qual se encontra o mundo contemporâneo traz a convergência e a sobreposição de culturas e povos distintos, frequentemente inseridos em contextos de conflito. "Se todas as partes envolvidas no conflito tentassem ler criticamente suas posturas, procurando compreender suas próprias posições e as de seus adversários, há a esperança de transformar confrontos violentos e sangrentos" (2011: 128). Dessa forma, o autor advoga que a preparação de aprendizes para enfrentar desafios diante das diversas formas de diferença emerge como um objetivo pedagógico atual e urgente, passível de ser atingido por meio do letramento crítico. Nesse ponto incluímos que a tradução é uma possível chave para esse letramento, por lidar direta e constantemente com a diferença.

Os tradutores empenham seus esforços numa tarefa que não se restringe apenas ao texto na língua de origem, abraçando, na verdade, a complexa interconexão entre culturas, histórias e modos de vida. Nesse sentido, a tradução se revela como uma potencial prática de letramento, oferecendo oportunidades para a construção de um mundo mais equitativo, ao revelar as diversas camadas subjacentes em um texto, demonstrando que todo ato de comunicação é constituído de maneira sócio-histórica pelas narrativas pregressas e pelas comunidades às quais estão intrinsecamente vinculadas. Portanto, a tarefa tradutória se transforma em um catalisador de compreensão e intercâmbio linguístico, cultural e epistemológico. Ao explorar minuciosamente por entre as camadas textuais, decodificando palavras e sentidos, os alunos/tradutores aprendem que a tradução nos conduz a propor diálogos em um trabalhoso procedimento no qual, pelo menos, duas línguas, em um compromisso mútuo, buscam formas de entendimento que permitam concessões e reelaborações, a fim de se tornarem compreensíveis. Assim, a prática tradutória não apenas facilita a comunicação entre línguas, mas amplia as formas de entendermos os mundos nos quais estamos inseridos.

Notas

[1] Tradução nossa de "the ability to read and write". Disponível em: https://www.oxfordlearnersdictionaries.com/definition/english/literacy?q=literacy.

[2] Tradução nossa de: "Voilà ce que nous apprend une traduction, non pas le sens contenu dans un texte traduit, non pas ceci ou cela, mais qu'il y a de la langue, que la langue est de la langue et qu'il y a une pluralité de langues qui ont entre elles cette parenté d'être langues".

[3] A expressão pode ser traduzida para a língua portuguesa como "duplo vínculo". Foi introduzida por Gregory Bateson para descrever relacionamentos contraditórios, ou seja, situações em que ocorre uma dupla injunção paradoxal. Um exemplo clássico é quando uma mãe fala que ama seu filho enquanto o rejeita. Na perspectiva derridiana, o conceito de *double bind* foi adotado para se referir à tradução como uma constante aporia. Para Derrida, a interpretação não possui fim e não há maneira de escapar dessa dificuldade lógica.

[4] Tradução nossa de: "It has always been a useful skill, but in today's multicultural societies and globalized world it is more so than ever. Those who know two languages frequently need to deploy that knowledge in mediating between those who know only one of them. This is true in personal life for immigrant and mixed language families, in social life where one person has a stronger knowledge of the ambient language than another, and in the world of work where bilingual employees are called upon – or indeed specifically employed to – mediate between monolinguals. Translation is also the cornerstone of any hope for international peace and cooperation".

Referências

AUSTIN, John Langshaw. *How to do things with words*. Oxford: Oxford University Press, 1962.

BAKHTIN, Mikhail. O problema do texto na linguística, na filologia e em outras ciências humanas. Uma experiência filosófica. In: BAKHTIN, M. *Estética da criação verbal*. 4. ed. Trad. Paulo Bezerra. São Paulo: Martins Fontes, 2006, p. 307-335. [1959-1961].

COOK, Guy. A thing of the future: translation in language learning. *International Journal of Applied Linguistics*, v. 17, n. 3, 2007.

DEPAULA, Lillian. *Sobre a tradução e sua utilização no ensino de língua estrangeira*. São Paulo, 1996. Dissertação (Mestrado) – Faculdade de Filosofia, Letras e Ciências Humanas-USP, 1996.

_____. Uma pedagogia da tradução. *Tradução e Comunicação* – Revista Brasileira de Tradutores, n. 14. São Paulo: Unibero, p. 57-65, 2005.

_____. *A invenção do original via tradução, pseudotradução e autotradução*. Vitória: Edufes, 2011.

DERRIDA, Jacques. *L'oreille de l'autre. otobiographies, transferts, traductions*. Textes et débats avec Jacques Derrida. Montreal: VLB, 1982.

_____. *Margens da filosofia*. Trad. Joaquim Torres Costa. Campinas: Papirus, 1991.

_____. *Posições*. Trad. Tomaz Tadeu da Silva. Belo Horizonte: Autêntica, 2001 [1972].

FREIRE, Paulo. A alfabetização de adultos: é ela um quefazer neutro? *Revista Educação & Sociedade*, Campinas: Unicamp/ Cortez & Moraes, ano I, n. 1, p. 64-70, set. 1978.

_____. *Pedagogia do oprimido*. 48. ed. Rio de Janeiro: Paz e Terra, 2005 [1968].

FROTA, Maria Paula. *A singularidade na escrita tradutora*: linguagem e subjetividade nos estudos da tradução, na linguística e na psicanálise. Campinas: Pontes; São Paulo: Fapesp, 2000.

KASTRUP, Virginia. Aprendizagem, arte e invenção. *Psicologia em Estudos*, v. 6, n. 1, p. 17-27, 2001.

KATO, Mary. *No mundo da escrita*: uma perspectiva psicolinguística. São Paulo: Ática, 1986.

KLEIMAN, Angela. *Texto e leitor*: aspectos cognitivos da leitura. 9. ed. Campinas: Pontes, 2007.

_____. Letramento na contemporaneidade. *Bakhtiniana* – Revista de Estudos do Discurso, v.9, n. 2, p. 72-91, 2014.

KOCH, Ingedore Villaça. *A inter-ação pela linguagem*. 10. ed. São Paulo: Contexto, 2007 [1993].

MENEZES DE SOUZA, Lynn Mario. Para uma redefinição de letramento crítico: conflito e produção de significação. In: MACIEL, R. F; ARAÚJO, V. A. (orgs.). *Formação de professores de línguas*: ampliando perspectivas. Jundiaí: Paco Editorial, 2011.

OTTONI, Paulo. *Tradução manifesta*: *double bind* & acontecimento. Campinas: Editora da Unicamp; São Paulo: Edusp, 2005.

PERTEL, Tatiany. A prática da tradução como fonte de aprendizagem de língua materna: uma atividade comunicativa empoderadora. In: DEPAULA, Lillian; REZENDE, P.; CASTRO, Mayelli; PERTEL, Tatiany (orgs.). *Tradução*: sobre a quinta habilidade na língua, no outro, na arte. São Carlos: João & Pedro, 2014.

REZENDE, Patrick. *Tradução como ponte plástica*: hibridismo e identidade em verbetes da Wikipedia. Vitória, 2013. Dissertação (Mestrado em Estudos Linguísticos) – Universidade Federal do Espírito Santo, 2013.

_____. Tradução como ponte plástica. *Belas Infiéis*, v. 3, n. 1, p. 153-161, 2014.

_____. Atos de tradução intersemióticos, performatividade e constituição de identidades. *Revista PERcursos Linguísticos* (UFES), v. 6, n. 13, p. 119-138, 2016.

_____. *Tradução como tompey*: tentativas de reparação das histórias, das identidades e das narrativas indígenas. Rio de Janeiro, 2019. Tese (Doutorado em Letras/Estudos da Linguagem) – Pontifícia Universidade Católica do Rio de Janeiro, 2019.

_____. Sobre traduzir e ensinar: o local da quinta habilidade na Universidade Federal do Espírito Santo. In: REZENDE, Patrick; BRAMBILA, Guilherme. *Percursos em linguística*: teorias, abordagens e propostas. São Carlos: Pedro & João Editores, 2021.

SOARES, Magda. *Letramento*: um tema em três gêneros. Belo Horizonte: Autêntica, 1998.

TAGATA, W. M. Letramento crítico, ética e ensino de língua inglesa no século XXI: por um diálogo entre culturas. *RBLA*, Belo Horizonte, v. 17, n. 3, p. 379-403, 2017.

VIVEIROS DE CASTRO, Eduardo. *Metafísicas canibais*. São Paulo: Cosac Naify, 2015 [2009].

WITTGENSTEIN, Ludwig. *Investigações filosóficas*. Trad. José Carlos Bruno. São Paulo: Abril Cultural, 1984 [1953].

Uma breve conversa sobre linguagem, línguas e Linguística Aplicada

Daniel Ferraz

Essa é a Dona Odila, minha avó paterna. Ela costumava me chamar de "Dániér" e, embora trocasse o "l" pelo "r" e trouxesse muito caiperês nas suas práticas linguajeiras, minha avó, como todas as avós, era letrada pela vida e possuía uma sabedoria inspiradora. Quando fui convidado a escrever este texto sobre a Linguística Aplicada e letramentos (aqui incluo a discussão sobre línguas, linguagem e educação linguística), logo pensei que poderia fazer esta homenagem à minha querida avó: na sua língua, ela me ensinou sobre a vida!

Antes de prosseguir, gostaria de iniciar com algumas notas sobre o texto. A primeira diz respeito ao estilo de escrita: decidi escrever um texto que mescle o acadêmico e o informal, seguindo um estilo que venho defendendo recentemente (Ferraz, Kawachi

Figura 1 - Dona Odila

Fonte: arquivo pessoal do autor.

e 2019; Ferraz, 2021). Assim, correndo o risco da fuga à escrita acadêmica estrita, não pretendo usar tantas referências, porém muitas ideias e reflexões advindas de minha vida acadêmica e profissional. Obviamente, não consigo reinventar a roda e, portanto, ao trazer a minha voz ao texto, tenho consciência de que ela está derridianamente contaminada e bakhtinianamente dialogada com tantas outras vozes. Outrossim, sobre as escolhas metodológicas, pensei em unir a autoetnografia (a escrita mais subjetiva possível) aos letramentos visuais (usarei imagens livres como convite para construção de sentidos). Por fim, este capítulo está inspirado em um texto/pesquisa de pós-doutoramento que realizei na Universidade Católica de Leuven, Bélgica (*Language, Education and Language Education*) e na minha tese de livre-docência. Vamos conversar?

Bem, conforme ressaltei, esta conversa busca colocar em diálogo a linguagem, as línguas e a educação linguística, temas caros à Linguística Aplicada Crítica. Iniciemos, então, com uma das mais importantes características evolutivas do ser humano, uma evolução *sine qua non* que conferiu aos *Sapiens* o *status* de seres superiores que dominaram o planeta: a linguagem humana. Essa linguagem não foi inventada exclusivamente por humanos, já que todo animal desenvolve linguagem:

Figura 2 - Golfinho

Fonte: Pixabay. Disponível em: https://pixabay.com/pt/photos/golfinho-agua-azul-golfinhos-peixe-4996234/. Acesso em: 20 mar. 2024.

UMA BREVE CONVERSA SOBRE LINGUAGEM, LÍNGUAS E LINGUÍSTICA APLICADA

Assim como esse golfinho, todos os demais seres vivos se comunicam por meio de suas linguagens. Amo nadar e, se pudesse, ficaria o tempo todo na água, e talvez por isso admiro os golfinhos. Então, algo que me intriga, especialmente quando falamos de linguagem, é que nós, humanos, nos consideramos superiores a eles, mas, quando investigamos a linguagem/inteligência dos golfinhos, por exemplo, definimos que são inteligentes. Veja, como é possível definirmos os golfinhos como seres inteligentes? A resposta é simples: podemos "defini-los" somente por meio das nossas categorias de análise, por meio das nossas lentes, da nossa ciência, da *nossa linguagem*. Segundo Meijer, "há muito tempo a inteligência animal tem sido mensurada por meio da inteligência humana. Experimentos investigam, por exemplo, até que ponto os animais são bons na resolução de quebra-cabeças em comparação com os humanos" (Meijer, 2019: 3). Entretanto, em uma visão pós-humanista, seria preciso desenvolver categorias para além do humanismo para respondermos: como os golfinhos nos veem?

> ...pausa para conversa/reflexão:
> como os golfinhos nos veem? Você já pensou em tudo isso?

Destarte, defino a linguagem como um conceito deveras amplo, que inclui todas as possibilidades da linguagem humana e não humana: linguagem como sistema (língua), linguagem enquanto prática social dos humanos, linguagem corporal, linguagem visual, linguagem multimodal (por exemplo, cinema), linguagem musical, linguagem dos animais, linguagem de Gaia. A língua, por sua vez, é a realização humana de uma das possibilidades de linguagem, ou seja, para se comunicar com outros humanos e consigo mesmo, para pensar e para se entender como humano, os *Homo sapiens* aprimoraram seus órgãos e desenvolveram a(s) língua(s). É no mínimo curioso observar que, embora todos saibamos as nossas (ou várias) línguas, ninguém sabe exatamente sobre suas origens: segundo Chomsky, as línguas têm "sido estudadas intensa e produtivamente por 2.500 anos, mas sem uma resposta clara para a questão do que são" (Chomsky, 2013: 645; tradução minha).

Para a Linguística (ciência da língua), a língua é um sistema, mormente formado por um conjunto de regras (gramática, estruturas e sons) que o ser humano utiliza para se expressar (principalmente nas formas escrita e falada). Uma visão subsequente indica que a língua é uma estrutura formada por seus aspectos fonológicos e fonéticos (sons), sintáticos (palavras), semânticos (sentidos) e pragmáticos (usos). Essas ideias ecoam dos pensamentos de Saussure, Austin, Chomsky e Searle, entre tantos outros. De forma bastante resumida, essa visão de língua funda o estruturalismo e sua filosofia sobre língua. A meu ver, resumiria essa visão nessas características (embora saiba de diversos movimentos contemporâneos da Linguística Crítica, a qual já revisita essas características):

1. a língua tem uma estrutura interna (fixa);
2. a língua é um sistema de signos arbitrários usados pelas pessoas em um determinado lugar;
3. a língua é um meio de comunicação (verbal);
4. a língua segue uma ordem natural e se forma a partir de pequenos sons e sílabas (morfemas/sons que formam palavras, que formam sentenças, que formam textos/enunciados); assim, os falantes podem gerar um número indefinido de novas sentenças;
5. a língua é algo biológico e inato, pré-programado universalmente ao longo da evolução humana.

Retomando a referência inicial à minha avozinha, quando ela falava no seu caipirês e me chamava de Dãniér, na visão de língua supracitada (e também numa visão de ensino de línguas estrangeiras), ela estaria de certa forma "errando" ao trocar o l pelo r, pois o som "correto" da palavra é outro. Isso me lembra ainda que, no caso do ensino de inglês, essas diferenças fonológicas foram por muito tempo enfatizadas em cursos e métodos de ensino. Lembro-me do início da minha carreira como professor de inglês, da ênfase no ensino da pronúncia correta (britânica ou estadunidense) nos treinamentos que participei (lembro-me vivamente da sensação *I will never*

UMA BREVE CONVERSA SOBRE LINGUAGEM, LÍNGUAS E LINGUÍSTICA APLICADA

get there! I will never sound like a native speaker!"). Acabei ensinando dessa forma por muito tempo: corrigindo insistentemente o "thank you" dos meus alunos, "tirando sarro" ou ironizando as pronúncias "sank you", "tank you" para, depois de anos de carreiras e estudos, aprender que a variação linguística dessa palavra existe no mundo real e os muitos ingleses *around the globe* usam "sank you" ou "tank you" comumente (*Singapore English/ Singlish, Asian Englishes*), sem nenhum problema para o contexto linguístico e social. É viver, estudar e aprender.

Acirram-se os debates sobre o fato de que, mesmo que a língua fosse esse sistema imutável, pronto para ser aprendido em domínios sociais e ensinado em contextos educacionais, é preciso reconhecer que essa homogeneidade seria insuficiente para explicar a rica diversidade linguística das sociedades (estudos recentes sobre translinguagem e superdiversidade mostram isso).

Essas visões de língua como um sistema "fechado", embora fundantes e extremamente importantes para a Linguística e cursos de Letras, têm sido expandidas. Por exemplo, nas palavras de Jordão e Martinez (2021: 579; tradução minha), a língua, quando "concebida como uma espécie de sistema transparente de comunicação, mediando a produção de conhecimento – um meio para um fim", torna-se "um instrumento neutro a ser possuído, adquirido, comprado e vendido" (Jordão e Martinez, 2021: 580).

Assim, a linguagem, como prática social abrangente, encontra sua realização social nas línguas que são, antes de tudo, dialógicas (por isso não é possível fixá-las em uma estrutura). Bakhtin entende a língua como um movimento no qual os significados são negociados a partir de quem fala – ou enuncia –, de quem ouve e do contexto, uma vez que os significados estão ligados "às condições de comunicação, que, por sua vez, estão sempre ligadas às estruturas sociais" (Bakhtin, 1986: 16). Com Bakhtin, Derrida, Foucault e Levinas aprendi que somos convidados a abordar as línguas não como sistemas fixos e transparentes, prontos para serem adquiridos, mas como línguas vivas e em constante mudança, nas quais língua e linguagem estão

113

intrinsecamente conectadas em cada contexto. Os signos, matéria-prima da língua, não são apenas dialógicos, mas também contextuais (aqui, podemos acrescentar as noções foucaultianas de linguagem como discursos históricos, imbricados nas relações de verdade e poder); o signo não é simplesmente um signo: como bem diz Levinas, meu *bonjour* significa que minha língua é o encontro com o Outro: "desejo-te paz, desejo-te um bom dia, expressão de quem se preocupa com o outro" (Levinas, 2001: 47) e, mesmo que seja o contrário (meu *bonjour* significa "ainda estou com raiva de você"), ainda é o encontro com o Outro. Essas perspectivas de língua também abriram caminho para as suas dimensões políticas e culturais. Por exemplo, o Dániér da minha avó ganha outros contornos e significados: ele passa a construir outros letramentos e deixa de ser incorreto para significar a cultura do povo do interior de São Paulo.

> ...pausa para conversa/reflexão:
> Quais visões de língua você discutiu/aprendeu/debateu
> em sua formação educacional?

Até agora, vocês perceberam que investi bastante em discutir dois grandes conceitos de língua (tenho defendido, inclusive, que sejam colocados em diálogo constante, e não separadamente). Isso porque, para adentrarmos o próximo tema desta conversa, qual seja, o que significa, então, aprender e ensinar uma língua (o que venho chamando de educação linguística), penso que necessitamos investigar quais visões de língua acreditamos e praticamos em nossos cursos, no meu caso, de formação docente. Aliás, faço mais um convite: para além das duas visões supracitadas, acredito ser urgente a inclusão da discussão de outras linguagens e outras línguas, num movimento de questionamento constante do projeto humanista/moderno. Talvez esse seja o grande desafio para os *sapiens*: repensar a sua superioridade, produzida, inclusive, por meio da linguagem e desenvolvimento das línguas humanas:

UMA BREVE CONVERSA SOBRE LINGUAGEM, LÍNGUAS E LINGUÍSTICA APLICADA

Figura 3 – Compondo, macaco e mulher

Fonte: Pixabay. Disponível em: https://pixabay.com/pt/photos/compondo-macaco-mulher-rir-s%c3%a9pia-2925179/. Acesso em: 20 mar. 2024.

Aprendi a ensinar a língua inglesa por meio de treinamentos, metodologias e métodos. Na década de 1990, após longos treinamentos, lecionei com o método *Interchange* (vedete dos métodos na época) e, ao longo dos quase trinta anos de carreira, já passei por muitos contextos: escolas privadas de línguas, empresas que ofertavam aulas particulares e aulas para empresas, faculdade de tecnologia (Fatec-SP), universidades privadas (Unip, Esag, UMC), universidade pública (Ufes), para citar alguns contextos. Também já fui coordenador pedagógico e diretor de escolas de línguas em São Paulo (Etecs, SP). Nas décadas de 1990 e 2000, a minha visão de educação linguística (ensino de línguas) estava restrita, mormente à primeira visão de língua apresentada aqui, ou seja, a visão estruturalista foi, em minha experiência, a base para metodologias e métodos de ensino. Percebo que, à medida que fui estudando (principalmente depois do mestrado), e, ao conhecer outras visões de língua e também os movimentos dos letramentos, minhas aulas tenderam a inserir as filosofias da linguagem pós-estruturalistas como bases dos meus currículos e práticas pedagógicas. Por isso, tenho também insistido no termo *educação linguística*, ou seja, educamos e somos educados por meio da língua: discutimos, ao longo desse processo, a importância da língua e sua estrutura, pronúncia, mas também criticidade, cultura, identidade e que tipo de sociedade construímos, por meio da língua. Essa foi uma grande mudança. Hoje em dia, como docente da Universidade de São Paulo, vejo que estou numa fase de conciliação entre as duas visões de língua/linguagem, em um movimento de resgate do que as Orientações Curriculares para o Ensino Médio em Línguas Estrangeiras (OCEM-LE) (Brasil, 2006) defenderam: a conciliação do ensino linguístico com o crítico e contextual. Retomo e atualizo um texto que escrevi em 2019: se, por um lado, as áreas bem conhecidas de Ensino de Língua Inglesa (ELT, sigla em inglês para *English Language Teaching*), Inglês como Língua Estrangeira (EFL, sigla em inglês para *English as a Foreign Language*) e Inglês como Segunda Língua (ESL, sigla em inglês para *English as a Second Language*) têm sido questionadas por de certa forma negligenciarem o olhar para a linguagem/língua como prática contextual-crítica e em constante transformação, por outro, a educação linguística crítica tem sido bombardeada por focar na criticidade e negligenciar a Linguística (Ferraz, 2019). Trata-se quase de uma guerra acadêmica. Na verdade, ambas estão de fato preocupadas com a prática social, já que a própria língua é social, porém cada visão a partir de seus locais de enunciação: enquanto ELT, EFL e ESL focalizam no aprendizado das estruturas dessa língua, com foco na comunicação (conceito de ensino e aprendizagem de línguas com foco nas quatro habilidades), a outra reconhece o fato de que esse ensino linguístico estrutural não se desprende da criticidade e do contexto sócio-histórico (educação linguística). Porém, entendo também que, quando colocadas separadamente, os resultados em termos de formação linguística, sociocultural e crítica são distintos.

> ...pausa para conversa:
> O que significa para você *ensino e aprendizagem de línguas*?
> Você conhece o termo *educação linguística*
> e as suas epistemologias e propostas educacionais?

São dois desdobramentos importantes dessa conversa: o primeiro é o chamamento para que as formações de educadores linguísticos se atentem para as discussões filosóficas (eu aprendi a gostar e me encantar com a Filosofia, nossa área irmã) sobre língua e linguagem. Assim como a filosofia é a amiga do conhecimento, nos termos guattarianos, a educação linguística é amiga da educação, nos termos freireanos. O segundo desdobramento nos lança o desafio de buscarmos mais diálogos e debates críticos produtivos entre as áreas.

Caminhamos para o encerramento desta conversa sobre mais um tema proposto pelo organizador desta obra, o querido colega Guilherme Brambila, que conheci na Ufes e seguimos dialogando durante os anos: a Linguística. Tenho uma confissão a fazer: eu não conhecia o termo e a área da Linguística Aplicada até chegar no mestrado. Na minha graduação, não cursei uma disciplina sobre Linguística Aplicada e penso que este ainda seja o contexto de muitos cursos de Letras no Brasil. Passados os anos, algo ainda me intriga sobre o termo escolhido para a nossa área, pois, embora reconheça sua amplitude, transdisciplinaridade, transgressividade e importância, o termo já deixou de ser "um puxadinho" da Linguística há muito tempo. Embora também perceba que a LA tradicional não se desprendeu da área da Linguística e, nesse sentido, ainda se vê como aplicação da Linguística, defendo que o termo é, hoje em dia, de certa forma infeliz. O termo que nomeia nossa área carregará o fardo (está escrito) da aplicação da Linguística para sempre. Se por um lado isso pode ser muito bom, pois juntamos as duas áreas, ele é paradoxalmente ruim porque, conforme ressaltei, carrega o fardo do puxadinho (eu mesmo já me cansei de explicar, inclusive em contextos de pós-graduação, que são áreas complementares, porém distintas). Como eu chamaria, então, essa área enorme da linguagem? Difícil responder a esse desafio. Eu penso em algo como: Estudos de Língua-Linguagem (ELL), Estudos de Linguagem-Línguas (ELL), Linguagens e Línguas (LL) ou... (*still thinking*).

> ...pausa para conversa:
> quando você conheceu a LA (Linguística Aplicada)?
> Você conhece a LAC (Linguística Aplicada Crítica)?

De todo modo, não temos como mudar o nome/termo de uma área do conhecimento, então, seguimos. Quando ministro disciplinas de LA, gosto de discutir com os meus alunos de graduação o texto introdutório do *Routledge Handbook of Applied Linguistics*, organizado por James Simpson em 2011. Nele, o autor apresenta a seguinte definição: "A Linguística Aplicada é o campo acadêmico que conecta o conhecimento sobre a linguagem à tomada de decisões no mundo real [...], o linguista aplicado faz a mediação entre a teoria e a prática" (Simpson, 2011: 2). O mais interessante desse texto introdutório e do *Handbook* é que Simpson mapeia 47 subáreas da LA (os alunos ficam impressionados), demonstrando, conforme ressaltei, sua amplitude e inter-transdisciplinaridade. Portanto, se a LA teve seu início com os estudos sobre ensino e aprendizagem de línguas, hoje ela se expande para sua preocupação em mediar os estudos sobre língua, linguagem e o mundo real, buscando entender de que formas a linguagem constrói a sociedade e vice-versa.

> ...pausa para conversa:
> Como você define a LA e quais seriam os seus desafios
> em sociedades cada vez mais digitalizadas, tecnológicas,
> heterogêneas e complexas?

Vou responder a essas duas perguntas com mais algumas imagens:

Figura 4 – Charge do artista Nando Motta (@desenhosdonando)

Fonte: Acervo do artista.

Figura 5 – Charge do artista Asier Sanz Nieto (@asiersanznieto)

Fonte: Acervo do artista.

TERRITÓRIOS DO LETRAMENTO

Veja, as duas imagens colocam desafios hercúleos aos linguistas aplicados: a primeira se refere ao escancaramento que a pandemia nos deixou sobre as desigualdades sociais na sociedade brasileira e a segunda nos convoca a pensar sobre dependência do celular, sociabilidade, *fake news* e inteligência artificial. Para mim, estes são alguns dos desafios da LA/LAC contemporânea: Por que lidar com essas questões nos estudos das linguagens e línguas? Por que precisamos demonstrar para a sociedade que tais estudos definitivamente contribuem para o entendimento da diversidade, heterogeneidade e, portanto, da necessidade de equidade nas relações, por meio da linguagem/língua? Por que lutamos? Por que educamos? Que sociedade construímos por meio de nossas aulas de línguas? Por que formamos educadores linguísticos?

> ...pausa para conversa/reflexão:
> questões acima...

Preciso encerrar esta conversa, por enquanto. Como o livro discute os territórios dos letramentos, é importante registrar que, para mim, os movimentos educacionais dos letramentos (críticos, visuais, multi etc.) não somente fazem parte das pesquisas em LA/LAC, mas também contribuem para a constituição de outros territórios epistemológicos no campo da LA/LAC no Brasil. Nesse sentido, Brambila afirma, no capítulo "Texto, sentido e letramento" desta obra, que os letramentos podem ser vistos como contribuições praxiológicas que incomodam a uma visão decodificadora de língua e linguagem. Ou seja, letramentos e Linguística podem dar as mãos se pensadas no papel de incomodadoras de uma visão tradicional de língua-linguagem.

Falar de língua, linguagem, Linguística Aplicada e formação docente é para mim uma honra e uma necessidade acadêmica. Por isso optei por esse estilo de texto. Se desejamos mais conversas com a sociedade e com os especialistas, precisamos promover mais conversas, em nossas escritas. Espero ter realizado o prometido e, finalmente, que possamos seguir nas conversas. Encerro com a única citação adentrada do capítulo, para não parafrasear a boniteza de Freire:

> O diálogo é o encontro entre os homens, mediatizados pelo mundo, para designá-lo. Se ao dizer suas palavras, ao chamar ao mundo, os homens o transformam, o diálogo impõe-se como o caminho pelo qual os homens encontram seu significado enquanto homens; o diálogo é, pois, uma necessidade existencial. (Freire, 1980: 42)

E, se Freire me permite, ...uma necessidade existencial para todos os seres vivos deste planeta. Obrigado, *dear reader,* por me acompanhar neste texto e obrigado, querida vozinha, por tantos ensinamentos.

Referências

BAKHTIN, M./ VOLOCHINOV. *Marxismo e filosofia da linguagem.* 3. ed. São Paulo: Hucitec, 1986.

BRASIL. *Orientações curriculares para o ensino médio* – Linguagens, códigos e suas tecnologias. Brasília: Ministério da Educação, Secretaria de Educação Básica, 2006.

CHOMSKY, N. What kind of creatures are we? Lecture I: what is language?. *The Journal of Philosophy*, v. cx, n. 12, dez. 2013.

FERRAZ, D. M. English (Mis)education as an alternative to challenge English hegemony: a geopolitical debate. In: GUILHERME, M.; MENEZES de SOUZA, L. M. T. *Glocal languages and critical intercultural awareness*: the south answers back. New York/London: Routledge, 2019, p. 183-206.

_____. Cinco desafios para a formação de professores de línguas/educadores linguísticos no Brasil: como prosseguir diante das recentes políticas linguísticas e educacionais? In: FINARDI, K.R.; ALMEIDA, C.; AMORIM, G. (orgs.). *Linguística aplicada na contemporaneidade*: temáticas e desafios. Campinas: Pontes Editores, 2021.

FERRAZ, D. M.; KAWACHI, C. J. *Bate-papo com educadores linguísticos:* letramentos, formação docente e criticidade. São Paulo: Pimenta Cultural, 2019.

FREIRE, P. *Educação como prática da liberdade.* 10. ed. Rio de Janeiro: Paz e Terra, 1980.

JORDÃO, C. M.; MARTINEZ, J. Z. Wines, Bottles, Crises: A decolonial perspective on Brazilian higher education. *Rev. Bras. Linguíst. Apl.*, v. 21, n. 2, p. 577-604, 2021.

ROBBINS, J (ed.). *Is it righteous to be?* Interviews with Emmanuel Levinas. Stanford: Stanford University Press, 2001.

MEIJER, E. *Animal languages:* the secret conversations of the living beings. London: John Murray, 2019.

SIMPSON, J. *The Routledge handbook of applied linguistics.* London/New York: Routledge, 2011.

O organizador

Guilherme Brambila é professor de Linguística e Língua Portuguesa na Universidade Estadual do Ceará. Doutor em Linguística pelo programa de pós-graduação em Estudos Linguísticos da Universidade Federal do Espírito Santo (PPGEL-Ufes), mestre em Linguística pelo programa de pós-graduação da mesma universidade e licenciado em Letras – Língua Portuguesa pela mesma instituição. É membro do Grupo de Pesquisa Texto, Hipertexto e Ensino de Língua Portuguesa (THELPO), da Universidade Federal de São Paulo (Unifesp).

Os autores

Adriana Fischer é professora do Centro de Ciências da Educação, Artes e Letras (Departamento de Letras) e do Programa de Pós-Graduação em Educação (mestrado e doutorado) da Universidade Regional de Blumenau (FURB). Graduada em Letras pela FURB, mestre e doutora em Linguística pela UFSC e líder do grupo CNPq Linguagens e Letramentos na Educação (PPGE/FURB).

Ana Elisa Ribeiro é professora titular do Departamento de Linguagem e Tecnologia do Centro Federal de Educação Tecnológica de Minas Gerais (Cefet-MG). É doutora em Linguística Aplicada pela Universidade Federal de Minas Gerais (UFMG), pesquisadora do CNPq e autora de, entre outros, *Linguística aplicada – ensino de português* (com Carla Coscarelli).

Daniel Ferraz é professor titular da Universidade de São Paulo. Coordena o Projeto Nacional de Letramentos (USP/DGP-CNPq) e o Grupo de Estudos sobre Educação Linguística em Línguas Estrangeiras (GEELLE – USP/ DGP-CNPq). Possui doutorado em Estudos Linguísticos e Literários em Inglês pela USP, focalizado na educação de língua inglesa e novas tecnologias.

Danielle Almeida é professora titular do Departamento de Línguas Estrangeiras Modernas (DLEM), professora colaboradora da pós-graduação em Linguística (Proling), da Universidade Federal da Paraíba (UFPB) e pesquisadora do CNPq.

José Maria Sarinho Júnior é professor adjunto da Universidade de Pernambuco (UPE), no curso de Letras (habilitação Português/Inglês) *campus* Mata Norte, e é docente na Secretaria de Educação de Pernambuco. Possui doutorado em Linguística pela Universidade Federal da Paraíba (UFPB).

Letícia Lungen, psicóloga e mestranda em Educação pela Universidade Regional de Blumenau. Bolsista Capes, integra o grupo de pesquisa Linguagens e Letramentos na Educação (PPGE/FURB).

Mariana Aparecida Vicentini é professora nos cursos de graduação do Centro Universitário de Brusque. Graduada em Letras, mestre e doutoranda em Educação pela Universidade Regional de Blumenau. Bolsista Capes, integra o grupo de pesquisa Linguagens e Letramentos na Educação (PPGE/FURB).

Patrick Rezende é professor adjunto do Departamento de Estudos da Língua Inglesa, suas Literaturas e Tradução da Universidade Federal do Ceará. Licenciado pleno em Língua Inglesa e Literatura de Língua Inglesa pela Universidade Federal do Espírito Santo (Ufes), mestre em Linguística pela Ufes, doutor em Estudos da Linguagem pelo Programa de Pós-graduação em Estudos da Linguagem da Pontifícia Universidade Católica do Rio de Janeiro.

Sandra Pottmeier é professora na rede pública de Santa Catarina (SED/SC), graduada em Letras e mestre em Educação pela Universidade Regional de Blumenau, doutora em Linguística pela Universidade Federal de Santa Catarina. Integra o grupo de pesquisa Linguagens e Letramentos na Educação (PPGE/Furb).

GRÁFICA PAYM
Tel. [11] 4392-3344
paym@graficapaym.com.br